带 你 看 米 兰

MILANO
MILLESTORIE

带你看米兰
世博会特别版

[意]帕特里齐亚·齐里奥利　文　[意]茱莉亚·欧里齐亚　图　冯艺朵　译

贵州出版集团 G 贵州人民出版社

Copyright©2015，Babalibri srl，Milano，Italy
This book has been published in Italy with the support of：
Camera di Commercio Milano through the Bando di Reti−Expo 2015＋（LOGO）
The simplified Chinese is published in arrangement through Niu Niu Culture Limited.

图书在版编目（CIP）数据

带你看米兰：世博会特别版 /（意）齐里奥利著；冯艺朵译.
— 贵阳：贵州人民出版社，2015.6
ISBN 978-7-221-12541-5
Ⅰ．①带… Ⅱ．①齐… ②冯… Ⅲ．①米兰—概况 Ⅳ．①K954.6

中国版本图书馆CIP数据核字(2015)第098922号

带你看米兰
世博会特别版

文 /［意]帕特里齐亚·齐里奥利

图 /［意]茱莉亚·欧里齐亚

译 / 冯艺朵

策划 / 远流经典

执行策划 / 颜小鹏

责任编辑 / 颜小鹏 贺文平

美术编辑 / 曹雨锋 责任印制 / 孙德恒

出版发行 / 贵州出版集团 贵州人民出版社

地址 / 贵阳市中华北路289号 电话 / 010-85805785（编辑部）

印刷 / 天津市豪迈印务有限公司（022-83989181-8007）

版次 / 2015年9月第一版 印次 / 2015年9月第一次印刷

成品尺寸 / 190mm×190mm 印张 / 6 定价 / 40.00元

蒲公英童书馆官方微博 / weibo.com/poogoyo

蒲公英童书馆微信公众号 / pugongyingkids

蒲公英童书馆 / www.poogoyo.com

蒲公英检索号 / 150220100

亲爱的孩子们：

　　很高兴为这本书写序。首先，我想感谢这本书的编者，还有你们——亲爱的读者。当然，这并不仅仅是一封感谢信。大家都知道，作为市长，我非常忙碌，几乎没有空闲的时间。我总是赶场似的参加一个又一个会议，还必须学习很多难以理解的东西，与各种各样的人会面，读各种各样的书，说实话，有些书真的很无趣。但是这本书，我真的非常喜欢。这本书不仅有趣，还具有很强的知识性，为你们呈现了一座美丽而又迷人的城市。

　　我建议你们一页一页地仔细阅读这本书，因为我就是这样做的。尽管我对这座城市非常了解，也经常去这座城市的很多地方拜访当地的居民，但我仍然惊讶地发现，这本书讲了很多我不知道的事情。我们漫步的米兰街道，蕴藏着很多惊喜。即使是那些我们经常见到的古迹、花园和看似普通的建筑物，也隐藏着很多秘密。因此，这本书不仅对于要来米兰拜访的你们必不可少，对于在米兰生活的居民也是很值得一读的。

　　我热爱米兰这座城市，读了这本书之后，我才理解为什么我如此热爱这座城市。对我而言，米兰是一座素雅而又迷人的城市。她不会炫耀她的五光十色，而是吸引我们去了解她，去深入挖掘她的魅力，探索她建筑物背后的秘密。这本书可以一路陪伴我们了解这座城市的历史遗迹和文化渊源，以及她的发展历程。米兰这个名字起源于"Mediolanum"，意思是"中心城市"。

　　米兰位于巴丹平原的中心，穿行于两条河流之间，这座城市汇集了不同时期的历史文化，从罗马时代到中世纪，再到19世纪，直至现在，各个时期的历史特点同时映入眼帘，成就了这个开放、富有、文化底蕴丰富的米兰。仔细阅读这本书，然后让你的爸爸妈妈或者老师带你去书中推荐的地方，你会感觉就像生活在冒险故事里，穿越时光隧道，经历千百年的城市演变与发展。

　　米兰期待你的来访。

米兰市长：朱利亚诺·皮萨皮亚

(Giuliano Pisapia)

加里波第门
PORTA GARIBALDI

加里波第地区

威尼斯门
PORTA VENEZIA

和平门
ARCO DELLA PACE

威尼斯地区

森皮奥内地区

马真塔门
PORTA VERCELLINA
MAGENTA

马真塔地区

大教堂地区

罗马纳地区

提契诺地区

提契诺门
PORTA TICINESE

罗马纳门
PORTA ROMANA

带你看米兰

　　这是一本十分特别的米兰城市指南，讲述了有关米兰人、米兰的各个地方以及米兰建筑物的故事。全书分为七个部分，讲述米兰的七个地区。每个地区都有各自特有的城门，但是有些城门还在，有些已经不在了。在书中，每个地区的冒险故事都是从它的城门开始的。当然，就像所有的故事书一样，你可以跳着读，或随意翻看那些你觉得特别的、有趣的和搞笑的冒险故事。

　　阅读本书之前，先看一下这张城市地图。米兰就像是被切下来的一块生日蛋糕，上面还顶着一颗"大樱桃"——杜莫大教堂（Duomo）。选择一个你感兴趣的地区，开始这场冒险之旅吧。

帕特里齐亚·齐里奥利
（Patrizia Zelioli）

马真塔地区

和这里的故事

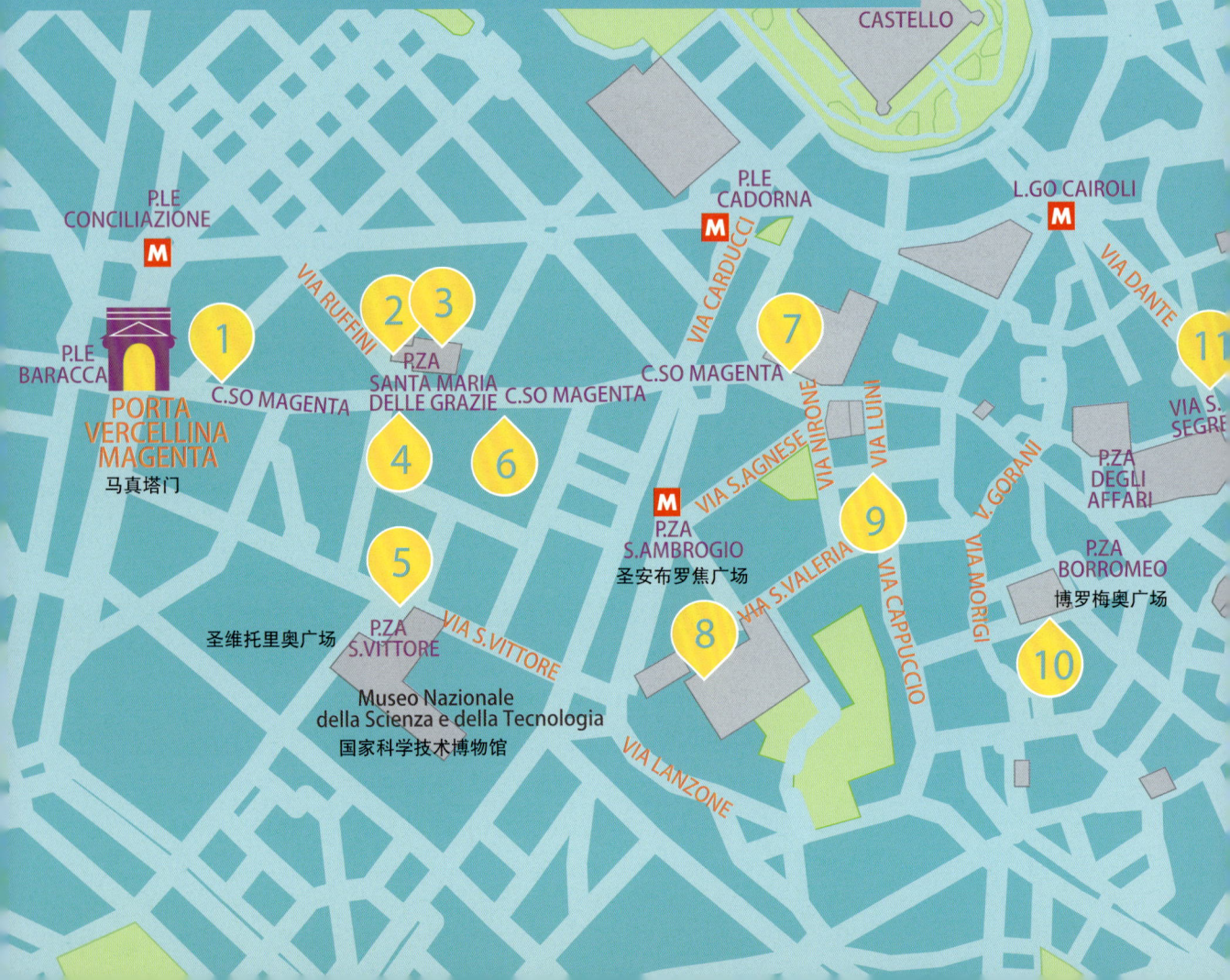

CASTELLO

P.LE
CONCILIAZIONE
Ⓜ

P.LE
CADORNA
Ⓜ

L.GO CAIROLI
Ⓜ

VIA DANTE

VIA RUFFINI

VIA CARDUCCI

P.LE
BARACCA

1

PORTA
VERCELLINA
MAGENTA
马真塔门

C.SO MAGENTA

2 **3**

P.ZA
SANTA MARIA
DELLE GRAZIE

C.SO MAGENTA

C.SO MAGENTA

7

11

VIA S.
SEGRE

P.ZA
DEGLI
AFFARI

VIA LUINI

VIA NIRONE

V. GOBANI

VIA MORIGI

4 **6**

5

圣维托里奥广场

P.ZA
S.VITTORE

VIA S.VITTORE

Museo Nazionale
della Scienza e della Tecnologia
国家科学技术博物馆

VIA S.AGNESE

Ⓜ
P.ZA
S.AMBROGIO
圣安布罗焦广场

VIA S.VALERIA

8

9

VIA CAPPUCCIO

P.ZA
BORROMEO
博罗梅奥广场

10

VIA LANZONE

N
O · E
S

P.ZA
DUOMO
M
大教堂广场

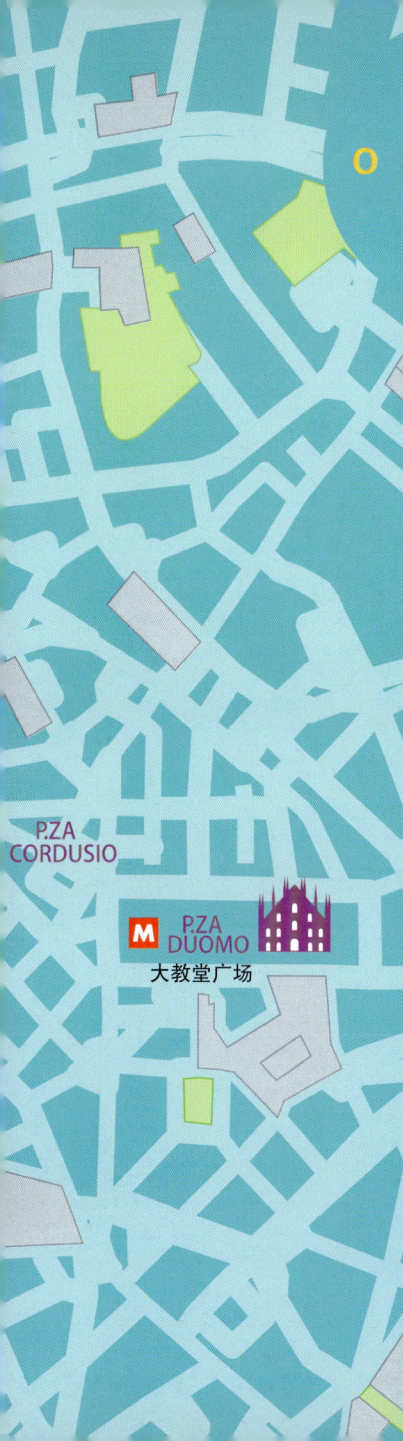

消失的城门
piazzale Baracca

1 一列老火车
corso Magenta

2 真正的宝石
Chiesa Santa Maria delle Grazie,
piazza Santa Maria delle Grazie

3 名画故事
Cenacolo,
piazza Santa Maria delle Grazie 2

4 阿特拉尼之家
corso Magenta 65-67

5 一个圣人，三个身体
Chiesa San Vittore,
via San Vittore 25

6 米兰有多少颗闪耀之星？
corso Magenta 57-61

7 一座无与伦比的宫殿
corso Magenta 24

8 远道而来的主教
神奇的大教堂
Basilica Sant'Ambrogio,
piazza Sant'Ambrogio 15

9 一个游荡的幽灵
via Luini

10 大脚教堂
Chiesa Santa Maria al Podone,
piazza Borromeo 6

11 求风祈雨的教堂
via Santa Maria Segreta

消失的城门

　　曾经被称为维尔切里纳门（*Porta Vercellina*），后来被叫作马真塔门（*Magenta*）。这座城门已经消失了，我们只能想象它的样子了。

　　这座城门并不是那种用于御敌入侵的宏大城门，而是一座美丽的大理石拱门，四周环绕着柱廊。拱门两旁种着两排树，形成了一条绿荫走廊，走廊两旁的城墙是在西班牙统治时期建造的。站在古城墙中间的林荫路上，可以看到杜莫大教堂和群山。

| 时间轴 | | 1300 | 1400 | 1500 | 1600 | 1700 | 1800 | 1900 | 2000 |

一列老火车

蒸汽火车是连接米兰和马真塔周围乡村的主要交通工具。

人们把蒸汽火车称为"独腿海盗"（Gamba de Legn），因为在轨道上行进时摇摇晃晃的老火车，就像支着木腿走路的海盗一样。还有些人称蒸汽火车为"巧克力罐"（ciccolatera），因为它也像一个冒着热气的巧克力罐。

米兰人以这列代替了旧马车的蒸汽火车为荣。由于蒸汽火车实现了更快更有效的运输，带来了更多的居民和商机，他们的城市因此变得更加现代化。只有家庭主妇对此怨声载道。德尔菲诺·博洛尼（Delfino Borroni）开了六十多年的老火车，他说女人们担心刚刚洗好的衣服被火车的黑烟弄脏，她们一听到火车鸣汽笛的声音，就赶紧跑过去把衣服收起来。

让路!

在那个时代，蒸汽火车是很快的交通工具，行进中的速度可以达到每小时15公里。当火车鸣汽笛的时候，速度必须降下来。在发动机前的人负责拉响汽笛和亮灯，警告过往行人："独腿海盗"来啦！把路让开！

现代有轨电车的鼻祖

蒸汽火车一直穿梭在城市和乡村之间，直至20世纪50年代后，才被汽车和有轨电车代替。老火车的最后一次旅程是在1957年8月31日，"独腿海盗"缓缓行驶，围观群众列道喝彩，就像在为一个老朋友开欢送会。你可以在国家科学技术博物馆（Museo Nazionale della Scienza e della Tecnologia）看到这列老火车。

时间轴　1700　1800　1900

真正的宝石

公爵高雅品位的真实反映。

著名的米兰公爵卢多维科·伊尔·摩洛（Ludovico il Moro）非常热爱他的城市，想要把米兰变成比罗马和佛罗伦萨更加辉煌的城市。这也是他将圣玛丽亚感恩教堂（Santa Maria delle Grazie）变成意大利最美丽的教堂之一的原因。

他雇了最好的建筑师，重建了才竣工十年的红砖教堂，添加了圆屋顶装饰，使教堂变得更加漂亮。卢多维科还希望这座教堂能够成为他和妻子安葬的地方，因此，他认为这座

时间轴	1300	1400	1500	1600	1700	1800	1900	2000

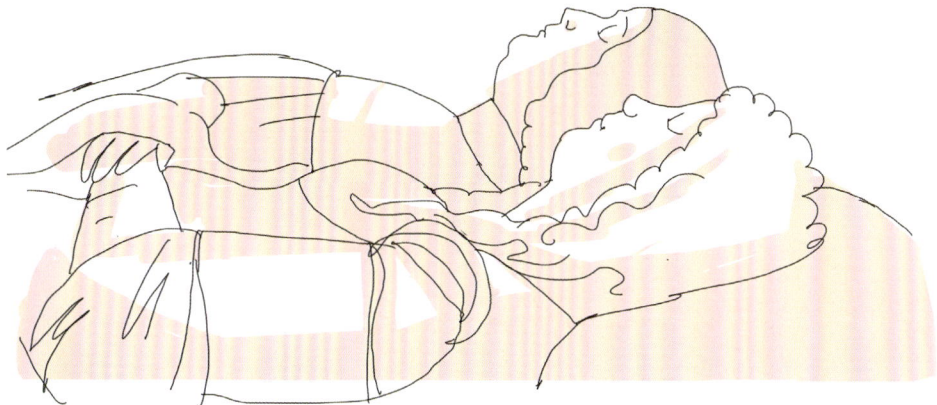

教堂在某些方面应体现出他的个人品位。当他年仅22岁的妻子比阿特丽斯（Beatrice）过世后，他将妻子安葬在教堂内。他让雕刻家克里斯托弗·索拉里（Cristoforo Solari）建造了一座用于他日后和妻子合葬的坟墓。但直到卢多维科在法国被关押入狱，墓碑也没完成，只有墓碑的上半部分遗留至今（在帕维亚的切尔托萨）。雕塑中，年老的公爵和年轻的妻子并肩沉睡。但是，公爵的遗体究竟在哪里呢？我们知道，比阿特丽斯的遗体被安葬在圣玛丽亚感恩教堂，而卢多维科作为一个死囚则被埋在了法国。

　　卢多维科公爵在装饰圣玛丽亚感恩教堂时加入了他的元素，比如右边这些装饰。

　　在象征公爵的元素中，最古怪的元素是"小笤帚"（scopetta）。一幅图画显示，一位乡绅拿着一把笤帚，清理着一位皇室贵妇的衣服。这代表卢多维科希望可以"彻底净化意大利"。

这些就是象征公爵的元素

被波涛汹涌的大海隔开的两座灯塔。

含义：若要收获，必先付出。

墨丘利的节杖，一根有两条蛇盘绕的手杖。

含义：和平与幸福。

名画故事

世界上最著名的"晚餐"和它的不幸遭遇。

莱奥纳多·达·芬奇（Leonardo da Vinci）创作的《最后的晚餐》（Cenacolo）是世界上最珍贵的壁画之一。在参观壁画时，游客会有一种几乎窒息的感觉。很难想象，那些修道士居然每次吃饭时都对着这幅画，就好像这是一件非常平常的事情。更难以置信的是，拿破仑的士兵居然将画有壁画的餐厅改成了一个马厩。《最后的晚餐》的幸存之路并不平坦，首先为难它的就是那些修道士。

他们抱怨汤太凉了，因为每次都要穿过走廊，汤才能端到他们的桌子上。有一天，修道院的院长决定在墙上开一扇门，而那面墙就是画有壁画的墙。修道士们的汤变热了，但这幅名作却被永远地损坏了。

后来，由于环境潮湿，画中有些耶稣门徒的脸部腐坏了，修道士全然不顾这是达·芬奇的精心之作，只是简单遮掩住那

神奇的大教堂

圣徒安息，毒蛇消失，恶魔毁灭。

圣安布罗焦大教堂目前所在之处，曾经是一片墓地。安布罗焦主教根据预言所说的位置，让他的随从往地下挖掘，预言成真了！他们挖出了两具非常高大的骨骸，除了杰维斯（Gervasio）和普拉塔斯（Protasio），还会是谁呢！这两具骨骸正是这对双胞胎兄弟的，他们因为是基督徒而被罗马士兵杀害。安布罗焦主教为了纪念他们，在挖出他们之处修建了大教堂。这位主教死后，被安葬在双胞胎兄弟之间。米兰市民重新给教堂命名，专为纪念安布罗焦。

关于大教堂第一件神奇的事是有两座不同的钟楼。这两座钟楼由天主教和阿里乌斯派基督教共同为教堂修建。天主教决定在右侧建一座钟楼，阿里乌斯派基督教就在左侧建了另一座。这种互不相让导致争吵不休，主教不得不去寻找安静之所。

第二件神奇的事与铜蛇有关。那时候，大人们将感染蠕虫疾病的孩子送到圣安布罗焦大教堂，放在铜蛇环绕的柱子下方。这样做，与一个古老的传说有关。

时间轴　　0　100　200　300　400　500　600　700

远道而来的主教

他不想做主教，最后却成了圣人。

安布罗焦（Ambrogio）出生于 340 年左右高卢的特里尔。他的父亲是罗马军团的指挥官，安布罗焦曾被父亲送至罗马学习如何当一名法官。虽然出身于基督教家庭，但安布罗焦并不信奉基督教。30 岁时，他以省长的身份来到米兰。

安布罗焦在天主教和阿里乌斯派基督教的冲突中起到了重要的调节作用，因此深受欢迎。奥森齐奥（Aussenzio）主教死后，教堂内部因继任者问题产生了分歧，安布罗焦担心教会可能会发生严重的冲突。突然，人们听到一个孩子喊道："安布罗焦主教！"这个喊声似乎产生了神奇的力量，让在场的每一个人心里产生了共鸣。安布罗焦惶恐地拒绝，认为自己还没准备好，还没受洗，也没学过圣经。他尽力说服所有人，说自己不适合当主教，与主教的身份不相符，他甚至把妓女带回家。但一切都是徒劳，米兰人民希望他成为主教。

他试着躲进圣安布罗焦教堂的树林里。后来，皇帝瓦伦蒂安（Valentiniano）亲自出面，安布罗焦才妥协接受。他在一个星期之内接受了洗礼，成为神圣的主教。最终，他尽职尽责地履行着自己的使命，成为天主教最重要的人物之一，是米兰的守护神。

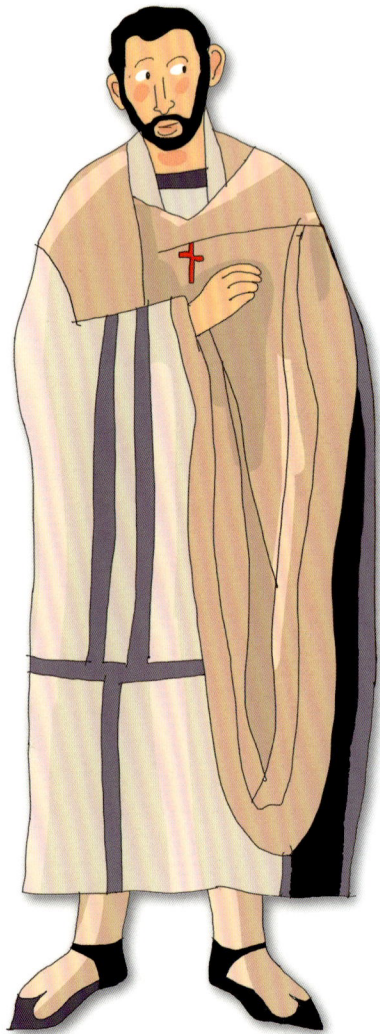

时间轴　　200　300　400　500　600　700　800　900

一座无与伦比的宫殿

精美绝伦，叹为观止。

连拿破仑和奥地利女皇玛丽亚·特蕾莎（Maria Theresa）都被利塔宫（Palazzo Litta）深深吸引。她如此华美，精美绝伦的装饰，惹得众人竞相拜访。

这里总是人头攒动，大家在大厅里相互表达惊叹之情。人们将这座宫殿与米兰的高贵气质相联系。游走在殿园，城堡风采尽收眼底。据说，拿破仑被她的美所折服，曾在大厅的地板上掉落了一滴眼泪，第二天，人们竟然在眼泪掉落的地方发现了一颗珍珠！

时间轴	1300	1400	1500	1600	1700	1800	1900	2000

俄罗斯的米兰海军上将

朱利奥·雷纳托·利塔·维斯康蒂伯爵（Giulio Renato Litta Visconti）是唯一一个在俄罗斯海军担任上将的米兰人。他因在地中海追捕海盗而出名，被女皇叶卡琳娜二世（Caterina II）所知。在女皇的命令下，他击败了北方的瑞典人。他一定很喜欢俄罗斯，因为他娶了圣彼得堡的一位贵族女子后就再也没有回米兰。

朱利奥身形高大，力大无比。据说他很贪吃，临终之前还让他的厨师弄来三份冰激凌。吃完冰激凌，他赞扬了厨师的手艺，之后才闭上双眼。人们在米兰为他竖了一座纪念碑，这座纪念碑位于圣玛丽亚波尔塔教堂（Santa Maria alla Porta）的墓室内。

圣玛丽亚波尔塔这座教堂与朱利奥的家族有关，他为这座教堂捐献了 2 万卢布。他的继承人又向艾尔米塔什博物馆（museo dell'Ermitage）捐赠了达·芬奇的《哺乳圣母》（Madonna Litta），这幅作品是他们从维斯康蒂家族继承而来的。

会计和法语。男孩们长到 18 岁就离开孤儿院，女孩们则是 21 岁。之后，很多斯特拉妮得到一些小小的嫁妆，步入婚姻的殿堂；而马丁尼蒂则得到在学徒期间积攒下来的钱，不过，要从这笔款项中扣除他们在学徒期内因损坏物件需赔偿的金额。

米兰有多少颗闪耀之星？

这座黄色的宫殿是孤儿院女孩的住所。

这里曾经是圣母斯特拉修道院（Santa Maria della Stella），后来成了孤儿院，生活在这座建筑中的女孩被亲切地称为斯特拉妮（Stelline）。

男孩生活在其他地方，他们被称为马丁尼蒂（Martinitt），这个称呼源于圣马蒂诺教堂（San Martino）。孤儿院的生活有严格的规定，孩子们每一种不合规定的行为都可能受到惩罚——他们通常被关在暗室里，免除午餐或晚餐。

斯特拉妮和马丁尼蒂穿着制服，睡在满是床铺的巨大屋子里，在大厅里一起用餐。他们很少有私人物件，过的是集体生活。年幼的孩子去上学，年长一点的孩子则学习贸易。男孩们成功的几率较大，因为他们按需学习，有些男孩长大后甚至成为著名的实业家。女孩们则学习家务活，也有些女孩学习

一个圣人，三个身体

他如此伟大，两座教堂争夺其身体。

这是一个关于士兵圣维托里奥·伊尔·摩洛（San Vittore il Moro）与教堂的神奇故事。圣维托里奥是一名来自非洲的罗马士兵，他为忠诚而亡。圣维托里奥的生命旅程经历了诸多冒险，他死后的命运也意义非凡。

他被安葬在位于巴西利卡圣安布罗焦教堂（Sant'Ambrogio）的圣维托里奥德罗礼拜堂（San Vittore in Ciel d'Oro）中，此后迁移至专为其设立的圣维托里奥教堂（San Vittore al Corpo）。

然而，圣安布罗焦教堂的本笃会僧侣不同意将圣维托里奥的身体迁移至别处，用一具替代身体放置在教堂内。两座教堂的牧师开始为圣维托里奥身体所属展开争论，忠诚的人们不能接受他有两个身体。

最后，两位主教出面才解决了问题，圣维托里奥教堂被宣布为圣维托里奥真正的安葬之所。

真的有三个身体吗？

据说，圣维托里奥·伊尔·摩洛的第三个身体在马焦雷湖（Lago Maggiore）贝拉岛（Isola Bella）上的教堂里。

时间轴　1500　1600　1700

阿特拉尼之家

天才在这里居住过，潘妮托尼（panettone）面包也在这里发明。

达·芬奇创作《最后的晚餐》时，把大量的时间花在了教堂对面的红砖宫殿里，这座宫殿被人们称为阿特拉尼之家（Casa Atellani）。宫殿的主人是吉阿科莫托·德拉·特拉（Giacomotto della Tela），他是卢多维科·伊尔·摩洛公爵忠实的随从之一。吉阿科莫托的儿子乌戈·德拉·特拉（Ugo della Tela）也居住在这座金碧辉煌的宫殿中，他是公爵的养鹰人。据说，乌戈深爱着面包师托尼（Toni）的女儿阿达尔吉萨（Adalgisa）。为了讨好面包师，年轻人卖了他饲养的一些鹰，用所得之钱去购买黄油、蜂蜜、蜜饯和葡萄干。他成了面包师的学徒，以便亲近心爱之人。

有一天，年轻人在面团里加入了一些新的成分，结果烤出的面包非常好吃，面包师因此变得富有。这种特殊的面包叫托尼面包（Pan de Toni），也就是现在的潘妮托尼面包。

人们可以想象乌戈和阿达尔吉萨的幸福生活，米兰人也感谢有人发明了潘妮托尼面包。

时间轴　1400　1500　1600

看点

内部看上去就像一个餐厅：达·芬奇画了天花板、墙壁、餐桌和三个窗户。在达·芬奇之前，很多画家已经呈现了"最后的晚餐"，但无人描绘耶稣宣布自己遭到背叛的场景。

看点

门徒们面露疑惑，他们站在耶稣的两侧，三五成群地交谈。

发现

叛徒犹大显得格格不入，他身后就是那只著名的袋子，里面装着他无法掩藏的银子。

些腐坏的地方。此后，拿破仑试图阻止他的士兵们将餐厅当作马厩。拿破仑虽为统治者，但仍需用砖墙封锁大门才能让士兵们听命于他。

1943 年，教堂遭受了一次空袭，侧墙倒塌，人们把这面墙的前后上下用好几层沙袋完全遮挡住，《最后的晚餐》和蒙托尔法诺（Montorfano）的《耶稣受难》（在达·芬奇画作对面的墙壁上）才幸存了下来。

时间轴　1300　1400　1500　1600　1700　1800　1900　2000

森皮奥内地区

和这里的故事

VIA SARPI

7

VIA BRAMANTE

P.LE
BIANCAMANO

P.ZA
LEGA LOMBARDA

VIA CANONICA

V. MAGGI

V.LE ELVEZIA

V. PESCHIERA

10

CORSO SEMPIONE

VIA BERTANI

V.LE BYRON

Parco
Sempione
森皮奥内公园

Arena
Civica
奇维卡竞技场

V.LE BYRON

P.ZA
SEMPIONE

ARCO
DELLA PACE
和平门

1

V.LE CERVANTES

V.LE GOETHE

6

VIA PAGANO

V.LE SHAKESPEARE

2

V.LE MILTON

V.LE MALTA

5

V.LE SCHILLER

V.LE CURIE

三年展展馆
Triennale

V.LE SHAKESPEARE

3

V.LE GADIO

8

V.LE ALEMAGNA

V.LE ZOLA

P.ZA
CASTELLO

Castello
Sforzesco
斯福尔扎城堡

Stazione
Ferroviaria
Nord

4

P.LE
CADORNA
卡多尔纳广场

Ⓜ

VIA PUCCINI

达尔·维尔美剧院

Teatro
Dal Verme

L.GO CAIROLI

Ⓜ

VIA BELTRAMI

FORO BUONAPARTE

求风祈雨的教堂

天使为你送来阳光，也会带来雨水。

圣玛丽亚秘密教堂（Santa Maria Segreta）建于 836 年，据说当时捐助修建教堂的人都是匿名捐助者。这座教堂有 1100 多年的历史，后来成了邮局。

时间轴	700	800	900

米兰市民经常去这座教堂祷告，特别是干旱或雨水太多时，因为教堂内有两个天使，她们有长长的金发，能操控天气。阳光天使和雨水天使的模样一样，她们一左一右站在圣坛两侧。教堂司事请天使站在圣坛上，让人们祷告。如果奇迹没有发生，司事就会以为自己把她们的位置弄错了，从而调换天使所在的位置。如果仍然没有反应，司事将继续调换位置，直到奇迹发生。

天使们很受欢迎，米兰人常请美发师帮她们打理头发。

一个游荡的幽灵

红颜薄命，倩女幽魂。

七百多年前，乔凡诺拉·蒙特布雷多（Giovannola Montebretto）生活在离圣莫里吉奥教堂（Chiesa di San Maurizio）不远的地方。她是米兰贝尔纳博·维斯康蒂（Bernabò Visconti）公爵的情妇，为公爵育有一女，名叫贝尔纳达（Bernarda）。公爵答应把女儿嫁给乔凡尼·苏阿多（Giovanni Suardo）上尉，但女孩却爱上了安东尼奥·左塔（Antoniolo Zotta）——一名赢过几场比赛的勇敢骑士。人们发现了这对恋人，英俊的青年被判即刻处死，贝尔纳达则被关进监狱。在这座监狱里，还关着她的堂兄安吉拉·维斯康蒂（Andreola Visconti）和修道院的女院长圣莫里吉奥（San Maurizio），他们同样因为情感问题被判入狱。两个女子在饥渴中死去，几百年来，人们都说你可能会在米兰的任何地方遇到贝尔纳达的游魂。

时间轴　1300　1400　1500　1600　1700　1800　1900　2000

大脚教堂

圣玛丽亚珀顿教堂（Santa Maria al Podone）也被人们称为大脚教堂，这是一座建造于9世纪的小教堂，著名之处在于它因一个男人的脚而命名。这是不是很有趣？

建造教堂的这个男人有一双实实在在的大脚，因此人们给教堂取了这个名字。几百年来，博罗梅奥家族一直在资助这座小教堂。

时间轴　700　800　900

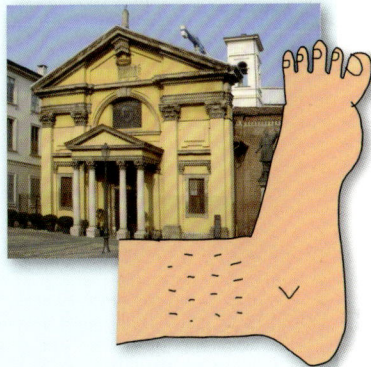

有铜蛇环绕的柱子在教堂里矗立了一千多年，但是它们看上去显然更为古老。传说，那些蛇是摩西造的。当时犹太人正从埃及逃往他们的乐土，一路抱怨。上帝厌倦了逃亡者的抱怨，送给他们毒蛇作为惩罚。很多人死去了，直到上帝动了怜悯之心，命令摩西造铜蛇，并将其置于柱子上。铜蛇就有了这样的功效：所有看到铜蛇的人都将安全，免于毒蛇的噬咬。

所以，米兰的母亲们把孩子带到教堂看铜蛇，她们相信，如果铜蛇能让犹太人免遭毒害，也能医治她们的孩子感染的蠕虫疾病。

恶魔毁灭

第三件神奇的事是大门外左侧位置的大理石柱——那是魔鬼之柱，柱子上的两个洞是恶魔的角留下来的。传说这个恶魔试图冲向安布罗焦时，撞在大理石柱上，撞断了自己的角。人们说，之后有段时间，柱子周围飘荡着硫黄和恶魔的味道。

日耳曼的统治者在这里行加冕礼时，常常怀抱石柱，他们发誓以石柱为榜样，让自己的言行和石柱一样正直。

N
O E
S

树林和洋葱的故事

1 建造拱门的三位君主
Arco della Pace,
piazza Sempione

2 公园漫步
Parco Sempione

3 有尾巴的姐妹
Parco Sempione,
laghetto del Parco

4 代表米兰精神的雕塑作品
piazza Cadorna

5 神秘池
Parco Sempione

6 一场海战
北美印第安人和牛仔登场
Arena Civica,
via Byron 2

7 游览唐人街
via Paolo Sarpi

8 曾经的童话城堡
宛如童话
奢华：当米兰遇上佛罗伦萨
盛大的庆典
Castello Sforzesco,
piazza Castello

9 抱银鼠的女子
via Rovello 2

10 树林中的安布罗焦
via Peschiera 6

L.GO CAIROLI
M
rme
V. ROVELLO
VIA DANTE

9

树林和洋葱的故事

首先是树林，接着是狩猎林地，后来是小村庄。

在森皮奥内公园的林荫下漫步的漂亮女士如果知道，直到 1800 年，这里还是远离城市和大教堂的荒郊，一定会感到非常惊讶。当时这个地方还是狩猎林地,后来成了蔬菜种植者(scigulatt,源自"scigula"，米兰方言中的"洋葱")的村庄。拿破仑的到来为这里带来了伟大的改变，他让人在这里修建了和平门（Arco della Pace）。

建造拱门的三位君主

是什么成就了这座历史之门？
大理石、雕塑、三位建筑师和三位君主。

一切始于 1807 年，拿破仑想要纪念将意大利和瑞士连接起来的"辛普朗驿道"的诞生。第一位君主拿破仑想建造一座拱门，让它彰显古罗马的辉煌成就。当时有一位著名的设计师路易吉·卡尼奥拉（Luigi Cagnola）应邀参加设计。不幸的是，拿破仑在此期间战败，奥地利人返回米兰。建筑工程暂停了几年，直到另一位君主——奥地利的弗兰茨·约瑟夫一世（Franz Josef I）决定完成拱门的建设。

由于卡尼奥拉的离世，弗兰茨·约瑟夫一世请了另外两位建筑师，第二位君主遇到了一个问题：这座拱门用来纪念谁？当然不会用来纪念拿破仑，因为他是米兰的敌人。第二位君主决定用拱门来纪念和平。但是，这座巨大的拱门要花数年的时间建设，弗兰茨·约瑟夫一世逝世时拱门还未建成。所以，第三位君主登场了，他是奥地利的费迪南一世（Ferdinando I）。

时间轴　1800　1900　2000

公园漫步

在公园漫步，邂逅四位美人鱼和一位骑士君王。

面向拱门站立，从中看去，就像是透过一个小望远镜，你会看到一座有塔楼的巨大城堡，那就是著名的斯福尔扎城堡（Castello Sforzesco）。和平门和斯福尔扎城堡矗立在巨大的森皮奥内公园（Parco Sempione）的两端。这座公园建于19世纪晚期，当时是练兵场，由于位于城堡的后方，漫步其中，让人感觉就像置身在童话世界中一般，因此深受米兰人民的喜爱。在公园里，你还能发现现代化的建筑，比如布兰卡塔（Torre Branca）。这是一座由建筑师吉奥·庞蒂（Gio Ponti）设计，建于1933年的塔楼，塔身高108米，完全由钢管搭建。站在塔楼顶端，可以鸟瞰整个米兰。塔楼旁边是乔凡尼·穆契欧(Giovanni Muzio)设计的三年展展馆(Triennale)，内有三年展设计博物馆（museo del design）。

你可以像卢多维科·伊尔·摩洛公爵那样，带上小狗和猎鹰，信步游走在公园内，邂逅一件件艺术品。在葱郁的植被中，遇见《拿破仑三世像》（由弗朗西斯科·巴尔扎吉 <Francesco Barzaghi> 雕塑）、《生命与剧院》（Teatro Continuo，由阿尔贝托·布里 <Alberto Burri> 雕塑）、《音乐集》（Accumulazione Musicale，由阿曼德·皮埃尔·费尔南德斯 <Armand Pierre Fernandez> 雕塑）和其他一些雕像，比如安东尼奥·帕拉迪索（Antonio Paradiso）的《地球历史》（Storia della Terra）和乔治·德·基里科（Giorgio De Chirico）的《神秘池》（Bagni Misteriosi）。

日常艺术

人们将法国艺术家阿曼德的雕塑称为《音乐集》。艺术家将音乐器材嵌于水泥地上，椅背则嵌于混凝土观众席上。这样一来，普通的物件也有了艺术的生命。

时间轴	1300	1400	1500	1600	1700	1800	1900	2000

有尾巴的姐妹

从运河转移到公园里的美人鱼守护着人们的爱情。

四位美人鱼在米兰生活了170多年，她们是著名的基斯妮姐妹（Sorelle Ghisini）。美人鱼手里拿着一把桨，保护着以"美人鱼"命名的桥梁——美人鱼之桥（il ponte delle sirenette）。现在，她们住在公园里的池塘边，但她们也在圣达米亚诺街（via S. Damiano）的纳维利运河（Naviglio）生活过几年。这条运河被填埋后，基斯妮姐妹和美人鱼之桥在公园里找到了新家。

美人鱼之桥由优雅的黑色铸铁制成，备受宠爱。有位奥地利大公甚至为大桥揭牌。情侣们经常在这座桥上约会，他们相信美人鱼能守护他们的爱情。

4 代表米兰精神的雕塑作品

《针、线和结》（Ago, Filo e Nodo）是这座大型雕塑的名字，位于卡多尔纳广场（piazzale Cadorna），作者是克莱斯·奥登伯格（Claes Oldenburg）和库斯耶·范·布吕根（Coosje van Bruggen），这座雕塑用来向世界时尚之都——米兰致敬。

"针"（高18米）和"结"（较前者小）位于广场上的两个位置，两者之间由"线"连接，"线"有一部分在地下，就像地下列车，因此我们看不见；"结"出现在喷泉上，有点儿像一条大鱼的尾巴；"线"的波浪形让人想起米兰盾徽上的大蛇。雕塑的三种颜色（红黄绿）与米兰最早的三条地下列车的颜色一样。

古斐·尤里/摄

神秘池

乔治·德·基里科为米兰送上了一份来自希腊海神和古英雄的礼物。

基里科希望自己可以回到童年，再次看看沃洛斯海。然而，自从他离开之时起，希腊城已发生了变化，他只能依稀记得在人行桥畔栖息的天鹅。以前，基里科能沿着沃洛斯海看到希腊英雄的征程：珀利翁山是半人马的家园，伊阿宋在阿纳乌洛斯河丢了一只带子鞋。

时间轴　1300　1400　1500　1600　1700　1800　1900　2000

阿尔戈英雄的征程

故事的开始，伊阿宋父亲的王位被他的叔叔珀利阿斯据为己有。伊阿宋帮助一位老妇人（实际上是赫拉女神）过河时丢了一只带子鞋。所以，他光着一只脚来到宫殿。他的叔叔看到这一幕很是惊讶，因为珀利阿斯从预言得知，自己必须小心一个只穿一只带子鞋的人。珀利阿斯狡猾地对他的侄子说，他不反对让出王位，但伊阿宋必须去寻找金羊毛，并把它带回家。这就是阿尔戈英雄漫长征途的开始，一群英雄跟随伊阿宋起航，前往科尔喀斯。

一场海战

竞技场为纪念拿破仑而上演了一场海战。

人们按照拿破仑的命令建造了奇维卡竞技场（Arena Civica），这个竞技场很像古罗马的圆形斗兽场。后来，人们用水注满了竞技场，1807年12月17日，这里为纪念拿破仑而上演了一场海战。

时间轴	1300	1400	1500	1600	1700	1800	1900	2000

北美印第安人和牛仔登场

将水排出之后，竞技场变成了"古老西部"。

20世纪早期，一群牛仔与米兰的北美印第安人在竞技场打斗，幸运的是，没有人伤亡。牛仔和印第安人其实都在同一个马戏团里工作，他们都跟随着布法罗·比尔（Buffalo Bill）。

布法罗·比尔大名鼎鼎，他是古老西部的英雄。成立马戏团的时候，他已经很老了，他很爱马戏表演，决定开创自己的马戏事业。他取得了巨大的成功，"布法罗·比尔狂野西部秀"在伦敦举行时，维多利亚女皇亲自前往观看，罗马教皇也观看过他们的表演。

1906年，米兰也迎来了专场马戏表演。各大报纸竞相报道，米兰人民热切期待着这个神奇的马戏团，当时用了四列火车去接他们！

曾经的童话城堡

几度被毁，但每次都得以复活。

我们现在看到的城堡叫斯福尔扎城堡，过去很多年，人们都称其为乔维亚门城堡（Castello di Porta Giovia），因为它的建造之处曾经有一座以此命名的城门，与今天内院和外院的通道位于同一位置。这座城堡有厚厚的砖墙和牢固的吊桥，可谓铜墙铁壁，即便如此，它也曾被洗劫一空，几度被毁。

一切始于 1360 年，加利亚佐·维斯康蒂二世（Galeazzo Visconti Ⅱ）决定为米兰建造一座城堡。后来，他的儿子菲利波·玛丽亚·维斯康蒂（Filippo Maria Visconti）住进这座城堡。菲利波·玛丽亚·维斯康蒂的女儿比安卡·玛丽亚·维斯康蒂（Bianca Maria Visconti）与弗朗西斯科·斯福尔扎（Francesco Sforza）结婚时，城堡更名为斯福尔扎城堡。

时间轴	1300	1400	1500	1600	1700	1800	1900	2000

之后移民到意大利。他们在保罗·萨尔皮街（via Paolo Sarpi）附近找到了住处，当时那里还是一片农场，有小屋子和大大的庭院，从那里前往科摩的丝绸厂也很方便，于是他们在那里安顿了下来。他们在庭院里建起了小作坊，开始制作并贩卖领带。有些人成为米兰著名的街头小贩，沿街叫卖："领带，一里拉三条！"后来，他们开始为意大利军人制造皮带。因此，意大利的华人社区传统上从事服装和皮革制造行业，或从事餐饮业。

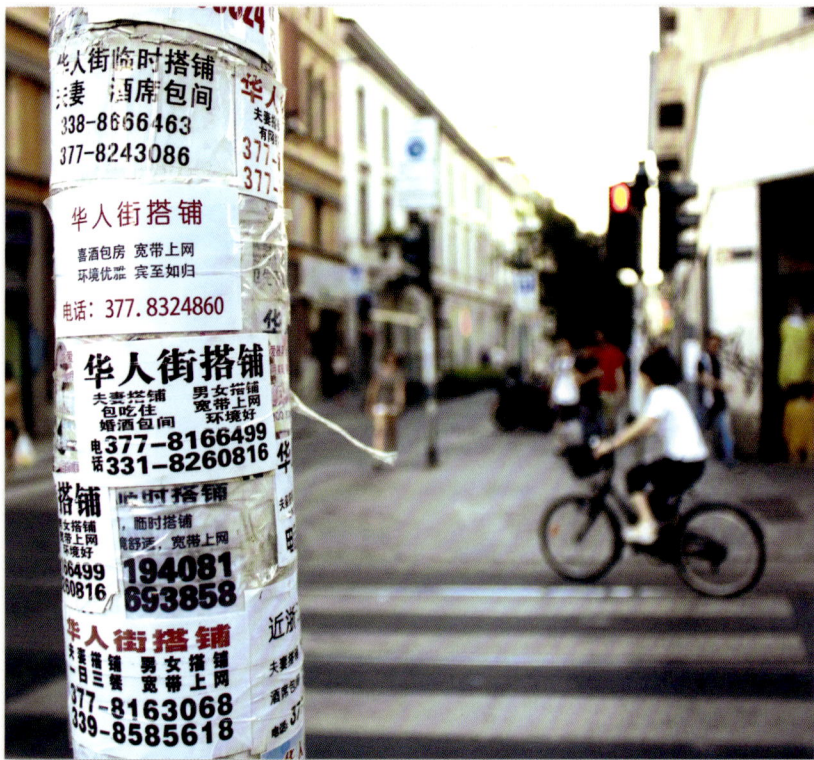

米兰

稻米和兰花

"Milano"翻译为中文即是"米兰"这两个字，一个是稻米的"米"，中国人的主食；另一个是兰花的"兰"，最美丽的花朵。

灶神

中国文化里有位非常重要的神——灶神。灶神的一生都在厨房里度过，厨房是家里最忙碌的地方。按照习俗，每年农历的腊月二十三，灶神要升天觐见玉皇大帝，向玉皇大帝汇报各家人的善行或恶行。要想在一年里从始至终都做善事并不容易，因此有些人想到了一些小计策……

其中一个计策就是向灶神献酒，这样一来，玉皇大帝看到灶神喝醉了，就不会相信他汇报的情况。另外，还有人请灶神吃饴糖，这样灶神就没法说话了。

时间轴　　1300　1400　1500　1600　1700　1800　1900　2000

游览唐人街

中国人与本地人在这里共同生活。

竞技场不远处就是米兰的唐人街。唐人街的历史始于第
一次世界大战结束后，当时有40个中国人来到法国。战争
期间，他们从中国带来挖掘壕沟（战壕）的技术，取代派往
前线的年轻法国劳动力。战争结束后，他们失业了，

马戏团有 800 名演员，其中有 500 名骑手，100 名北美印第安人（其中甚至还有著名的苏族酋长席廷·布尔 < Sitting Bull >）。节目包括《驿站马车抢劫》《套马》《烧毁小木屋》和《小巨角河战役》。值得注意的是，尽管布法罗·比尔已经六十多岁，他的步枪射击水平仍然百发百中。

米兰人仍然深爱着布法罗·比尔和他的马戏表演。奥纳多的加州酒馆（Trattoria La California）由马戏团里的一名牛仔开设，这位牛仔爱上了一个米兰姑娘之后便离开了马戏表演，过上了一种更加安稳的生活。

| 时间轴 | 1300 | 1400 | 1500 | 1600 | 1700 | 1800 | 1900 | 2000 |

小巨角

小巨角原本是一条河的名称。这条河流经蒙大拿，那里曾发生过著名的小巨角河战役（美国骑兵与印第安人部落之间的战争）。由于卡斯特将军（Generale Custer）的失误，美国骑兵失败了，其他骑兵全部遭到屠杀，除了号兵乔凡尼·马蒂尼（Giovanni Martini）。这位年轻的号兵来自意大利，美国人习惯称他为约翰·马丁（John Martin），他被派遣去请本特恩（Benteen）上尉提供增援，他很幸运，在战争中存活了下来。

宛如童话

农夫让儿子变成公爵。

以前，有一个农夫吉阿科穆佐·阿特多洛（Giacomuzzo Attendolo）成了一名勇敢的战士，他设法让自己的儿子成了意大利最有权势的人。吉阿科穆佐也叫穆西奥，生于拉韦纳省的科蒂尼奥拉市。有一天，他正在田间劳作，忽然听到士兵为教皇招募新兵发出的号角和击鼓声。穆西奥犹豫不决，不知道应该去当兵还是继续干他的农活儿，因此他决定听从命运的安排。他想，如果锄头砸中橡树，他就去当兵；如果没有砸中，他就待在家里。他把手中的锄头扔向一棵橡树，结果锄头嵌入树干中，因此穆西奥和他的兄弟们成为了教皇的士兵。意大利战火连绵，穆西奥很快学会了剑术，他强壮至极，能徒手掰正一只马掌，因此，人们称他"斯福尔扎"（Sforza，源自"forza"，意为力量）。他很喜欢这个名字，并将这个名字传给了自己的孩子。剑术让他变得非常富有，人们愿意为此付钱。战争期间，他生了很多孩子，但弗朗西斯科最像他。穆西奥希望自己的孩子长大之后能成为公爵，因此安排弗朗西斯科和卡拉布利亚一位叫珀利森娜·茹芙（Polissena Ruffo）的贵族女子结婚。两年后，珀利森娜死了，弗朗西斯科又娶了比安卡·玛丽亚·维斯康蒂——米兰公爵菲利波·玛丽亚·维斯康蒂唯一的女儿。弗朗西斯科的岳父死后，他就成了米兰公爵。

王子不必学太多

比安卡·玛丽亚和弗朗西斯科希望自己的孩子受到良好的教育。孩子们没时间去宫殿，他们经常给父亲写信讲述自己的生活。孩子们古文学得非常好，有一天，比安卡·玛丽亚让老师减轻孩子们的学习负担，因为他们要成为王子了，而不是文人。

时间轴	1300	1400	1500	1600	1700	1800	1900	2000

奢华：当米兰遇上佛罗伦萨

他想尽办法让意大利最复杂的宫殿变得奢华无比。

15 岁时，加利亚佐·玛丽亚·斯福尔扎（Galeazzo Maria Sforza）接受美第奇家族的邀请经常拜访佛罗伦萨。佛罗伦萨公爵的奢华生活让他印象深刻。或许就在那时候，他决定让自己的宫殿比所有地方的都要壮丽辉煌。因此，他的城堡里有了银质餐具、璀璨华服和精致的盔甲，甚至连小狗都戴上了金项圈和银项圈。这种奢华的生活连有些国王都未曾享有。与此形成对比的是，公爵的卧室就在鸡舍旁，窗户没有玻璃，只有几块简单的布遮挡。他第二次去托斯卡纳地区时，24 岁的加利亚佐让人看到了一支令人炫目的队伍。队伍的构成是这样的：

- 穿金戴银的大臣和皇家议员
- 穿着精致绣花袍的仆人
- 穿着天鹅绒服饰的佣兵
- 穿着丝绸服饰的雕塑家
- 40 个戴着华美金项链的男仆
- 50 个穿着华丽的年轻侍从

- 100 个身着正装的旗手
- 500 个上等兵
- 号兵
- 乐师
- 小丑
- 50 匹配有金马鞍和马镫的骏马

- 100 头配有金马鞍的骡子
- 12 辆华丽非凡的马车
- 披锦缎的 2000 匹马和 200 头骡子
- 500 只猎犬
- 雀鹰
- 猎鹰

佛罗伦萨的人看到这么壮观的场面，会有何反应？

惊叹，美慕，欢欣！加利亚佐感觉自己就像个国王！

时间轴	1300	1400	1500	1600	1700	1800	1900	2000

盛大的庆典

让宫殿成为天堂。

米兰公爵卢多维科·伊尔·摩洛让天才的达·芬奇组织一场庆典，以庆祝姐姐伊波利塔（Ippolita）和那不勒斯国王的女儿伊莎贝拉（Isabella）与他侄子吉安·加利亚佐（Gian Galeazzo）的婚礼。

公爵希望能好好纪念这场盛事。

达·芬奇详细策划了婚礼，他甚至包揽了卢多维科和伊莎贝拉的服饰搭配。他为他们选择了西班牙风格的服饰：公爵要穿上有银鼠毛内衬的天鹅绒，他的外甥女穿白色和金色锦缎，以及纯白的丝绸披肩，而吉安·加利亚佐则穿红色锦缎。庆典于 1490 年 1 月 13 日的星期三举行，地点位于斯福尔扎城堡的萨拉沃德（Sala Verde）。首先是开场舞，接着是宾客介绍，所有宾客都按照各个公国的习俗着装。大家都期待着压轴好戏。这位天才设计了一场别开生面的庆典。他为宴厅打造了天堂般的美感，在巨大的半球建筑内侧喷涂金色，点缀无数代表恒星和行星的小灯。他还邀请了几位演员扮作古神、恒星和行星。这场盛宴美妙绝伦，空前绝后！宾客们惊叹不已。"天堂盛宴"（Festa del Paradiso）创造了辉煌的历史！

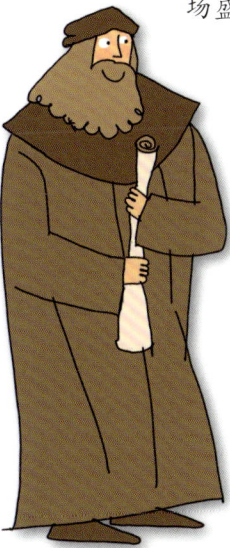

时间轴	1300	1400	1500	1600	1700	1800	1900	2000

抱银鼠的女子

米兰公爵痴迷于她的美貌，诗人和艺术家沉醉于她的诗歌。

按照当时的习俗，卢多维科和比阿特丽斯定了娃娃亲，当时新娘才 5 岁，11 年后他们才正式结婚。在他们结婚之前，卢多维科爱上了美丽的切奇利娅·加莱拉尼（Cecilia Gallerani）。达·芬奇后来在他的画作《抱银鼠的女子》（La dama con l'ermellino）中将她的美永恒地保存了下来。以前，有钱人有情妇是司空见惯的事情，因为婚姻往往是政治和权力的结合。

比阿特丽斯来到宫殿生活，她要求赶走那位美丽的情敌。卢多维科答应了她的要求，但他又为切奇利娅安了一个新家才解决了情人的宿怨。切奇利娅的新家后来成了卡尔马里奥拉宫（Palazzo Carmagnola），如今这里是一家短笛剧院（Piccolo Teatro）。

年轻的女子怀念宫殿里的优雅生活，于是在新家复制那种生活。当时一些最伟大的艺术家，比如达·芬奇都会去参加她的聚会，赞美切奇利娅的诗歌。作家马代奥·班戴洛（Matteo Bandello）认为她是米兰最有书香气质的女子之一，并为她创作小说。

为什么是银鼠？

达·芬奇喜欢用象征的手法，他在给切奇利娅画的这幅画中选择了银鼠，至少有两个原因：
1、银鼠纯白色的皮毛代表纯洁；
2、希腊人将银鼠称为"gale"，这个读音让人想到切奇利娅的姓氏——加莱拉尼（Gallerani）。

时间轴 | 1300 1400 1500 1600 1700 1800 1900 2000

树林中的安布罗焦

这里有一片茂密的树林，是安布罗焦的藏身之所。

离和平门不远的佩斯基耶拉街（via Peschiera），有一座有 1650 多年历史的圣安布罗焦（Sant'Ambrogio ad Nemus）教堂。这个奇怪的名字源自很久以前人们说的拉丁语 "树林"（Nemus）。这座位于公爵狩猎林区的教堂专为安布罗焦而建，当时 "准" 圣人不愿做圣人，因此逃到了树林里。有些历史学家说，这座教堂也是整个西方世界的第一座女修道院。

如今尚存

如今，这座教堂和当初的样子有很大的差别。不过，在大门上方仍然能看到非常古老的壁画：离世前的圣安布罗焦，紧挨着他的兄弟圣沙提洛（San Satiro）和姐姐圣马赛丽娜（San Marcellina）。

加里波第地区

和这里的故事

PORTA
GARIBALDI　加里波第门
P.ZA
XXV APRILE　四月二十五日广场

1

P.LE
CIMITERO
MONUMENTALE

VIA FARINI

VLE CERESIO

C.SO GARIBALDI

3

VIA CASTELFIDARDO

L.GO
LA FOPPA

VIA SOLFERINO

VIA DELLA MOSC

4

Arena
Civica
奇维卡竞技场

VIA SOLERA
MANTEGAZZA

C.SO GARIBALDI

VIA STATUTO

VIA PALERMO

L.GO
TREVES

5

VIA SAN MARCO

VIA MONTEBEL

Parco Sempione
森皮奥内公园

C.SO GARIBALDI

San
Simpliciano

Chiesa
di San Marco
圣马可教堂

Piccolo
Teatro Strehler

VIA PONTACCIO

VIA FIORI CHIARI

VIA SOLFERINO

VIA BRERA

6

8

布雷拉美术

Pinacoteca
di Brera

7

VIA BRERA

9

VIA F.LLI GABBO

P.ZA
CASTELLO

Castello
Sforzesco
斯福尔扎城堡

VIA MERCATO

10

Orto
Botanico
植物园

VIA MONTE DI P

N
O E
S

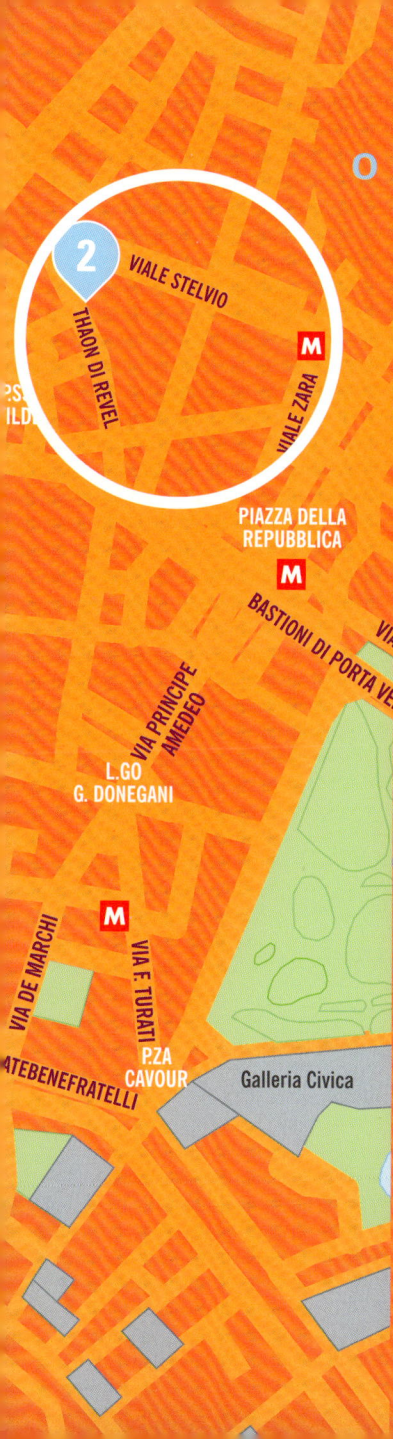

加里波第门的故事
piazza XXV Aprile

布雷拉美术馆和名画故事
Pinacoteca di Brera
via Brera 28
8

1 露天博物馆
另类分子
Cimitero Monumentale
piazzale Cimitero Monumentale

9 古老的银杏树
via F.lli Gabba 10

2 从"地狱"到"天堂"
via Thaon di Revel 21

10 青年贝卡里亚的痛苦与爱情
via Brera 6

3 受冕教堂
铁甲公爵夫人
corso Garibaldi 116

4 一个女人，一百种生活
via Solera Mantegazza 7

5 《晚邮报》
阿迈勒医生和佩德罗尼拉
via Solferino 28

6 艺术家之岛
获得诺贝尔奖的艺术天王
via Brera 32

7 顽童艺术家
via Fiori Chiari 16

2 VIALE STELVIO
THAON DI REVEL
VIALE ZARA
M
P.SS
ILD
PIAZZA DELLA REPUBBLICA
M
BASTIONI DI PORTA VE
VIA
VIA PRINCIPE AMEDEO
L.GO G. DONEGANI
VIA DE MARCHI
VIA F. TURATI
M
ATEBENEFRATELLI
P.ZA CAVOUR
Galleria Civica

加里波第门的故事

两个世界的英雄改变了一切，意大利也随之而变。

加里波第门（Porta Garibaldi）位于四月二十五日广场（piazza XXV Aprile）的正中。如今，它旁边依然有两个关卡，进城的人要为携带的物品纳税。建造大门时，拿破仑指派弗朗西斯科·梅尔兹·德·伊尔（Francesco Melzi D'Eril）为米兰市长。他决定为米兰建造一座新的纪念城门。他请了当时和平门与提契诺门的设计师路易吉·卡尼奥拉设计新的科玛西娜门（Porta Comasina）——如今著名的加里波第门。直到奥地利人再次征服米兰，这座城门还未建成。那时，人们为奥地利君主建造大门，由米兰市的店主们承担费用，正如铭文所述："由米兰的店主们建造，谨献给神圣罗马帝国皇帝弗兰茨·约瑟夫一世"。很多市民大声阅读这段文字时，最后总要加上一句："他们并不愿意这么做。"

几年后，朱塞佩·加里波第（Giuseppe Garibaldi）光荣地穿过这座城门。他击败了入侵瓦雷泽和费尔莫的奥地利人，人们为了纪念这位英雄，以他的姓氏给这座城门和穿过广场的大道命名。

露天博物馆

纪念墓园如同一座博物馆，让我们记住历史。

从加里波第门后方沿着城市近郊前行，你可以看到纪念墓园（Cimitero Monumentale）。墓园内有19世纪和20世纪伟大雕塑家的作品，在众多作品中，我们不难发现一些为纳粹集中营中的受害者而建的纪念碑，这些纪念碑由BBPR建筑事务所设计：中间是一个餐盒，里面装着从毛特豪森集中营里取来的一把土。BBPR的四位合伙人中有一位死在了集中营。

我们还会惊叹于金巴利墓（tomba Campari）的宏大，吉安尼诺·卡斯蒂廖尼（Gianninno Castiglioni）雕刻的纪念碑等同于真人大小，以铜为材料，代表"最后的晚餐"。关于这座墓碑有个有趣的故事。艺术家请亲朋好友做模特，但没人愿意当叛徒犹大。最后，卡斯蒂廖尼想了一个点子：按照他的同事阿利戈·米内尔比（Arrigo Minerbi，阿利戈曾取代卡斯蒂廖尼为杜莫大教堂设计大门）的模样给叛徒塑模。卡斯蒂廖尼还雕刻了另一座纪念碑——博莫斯契墓（tomba Bernocchi），一座螺旋塔式雕像，代表耶稣通往十字架之路。

这里的艺术品不胜枚举，比如雕塑家梅达尔多·罗索（Medardo Rosso）为他的好友、乐评人菲利波·菲利皮（Filippo Filippi）雕刻的纪念碑，梅达尔多·罗索在墓碑上只刻有一个词："为什么？"卢西奥·丰塔纳（Lucio Fontana）为奇尼利家族雕刻的《彩色天使》，高利尔墓碑上的《吉奥庞蒂之球》，以及阿里克·卡瓦利烈（Alik Cavaliere）为他父亲建造的纪念碑。

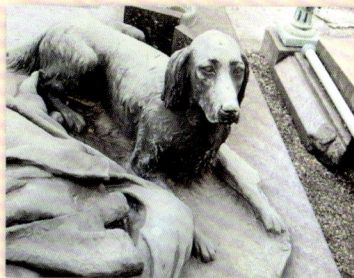

名人堂

在纪念墓园内部，你会看到名人堂（Famedio），这里是米兰著名人士安息的地方。你可以在这座独特的"博物馆"里看到不同风格的雕塑，它们出自1863年至今的艺术家之手。

时间轴	1300	1400	1500	1600	1700	1800	1900	2000

另类分子

他行为另类，给自己的儿子取名为"叛徒"。

行为另类的雕塑家梅达尔多·罗索于 1858 年生于都灵，12 岁时迁居米兰。他违背父亲的意愿，就读于布雷拉美术学院（Accademia di Brera），但由于不遵守规定，被学校开除。后来他组建家庭，给儿子取了个颠覆传统的名字——弗朗西斯科叛徒万岁（Francesco Evviva Ribelle）。

梅达尔多热爱雕塑，喜欢用雕塑表现普通人的生活，通过雕塑向人们传达不曾表达的情感。他特别擅长雕刻儿童的面部，知道如何在创作中捕捉热情、纯真和生活中的爱。或许他本人就是如此，他曾将一件雕塑作品命名为《淘气》（Birichino）。

梅达尔多天资聪颖，借助光和物件的力量创作出伟大的作品，就连当时最伟大的雕塑家奥古斯特·罗丹（August Rodin）也对他心生敬意，甚至有点儿嫉妒这位叛逆的天才。

梅达尔多在米兰度过了生命中的最后几年，70 岁时离世。你可以在纪念墓园看到他的墓碑。

光之影

梅达尔多·罗索很有前瞻性，喜欢尝试新的想法，同辈之中有很多人都对他的作品感到迷惑。他的雕塑作品被人们看作不完整，不能一眼看透。人们要想理解他的作品，必须借助于光。梅达尔多在生命的最后几年专注于摄影。

时间轴　　1300　1400　1500　1600　1700　1800　1900

从"地狱"到"天堂"

教堂的钟在拿破仑时期的铸造厂里诞生。

这片地区被称为伊索拉（Isola，是岛屿的近义词），人们之所以这么称呼它是因为这里最初被铁路从城市中分开，就像一个岛屿。在塔亨·德·热乌尔街（via Tahon de Revel），仍然能看到拿破仑时期建造的铸造厂，这里制作的钟出现在世界各地的教堂里。游览这里的博物馆，便能揭开所有的神秘面纱。

或许，铸造厂最神奇的事情是金属通过"地狱"（infernotto）这个房间时，这里的高温让其熔化，然后来到"天堂"（paradiso）这个房间，熔化的金属又被塑形成钟。铸造厂也用来制造其他东西，比如和平门上的雕像、维托里奥·埃马努埃莱二世（Viittorio Emanuele II）和亚历山德罗·曼佐尼（Alessandro Manzoni）的纪念碑。

奇迹之源

铸造厂建于拿破仑时期，人们将其命名为欧金尼亚（Eugenia），以纪念欧金尼奥·迪·博阿尔内总督（Eugenio di Beauharnais）。

铸造厂位于圣玛丽亚喷泉教堂（Santa Maria alla Fontana）内，这是一座文艺复兴时期的教堂，因喷泉而闻名，人们相信这里的泉水具有神奇的力量。

时间轴　1700　1800　1900

受冕教堂

她想在她丈夫的教堂旁边建一座属于自己的教堂。

穿过马沙拉街（via Marsala），你将看到由两座一样的教堂组成的受冕教堂（San Maria Incoronata）。这种奇特的建筑构思源自15世纪一对著名的米兰夫妇：弗朗西斯科·斯福尔扎公爵和他的妻子比安卡·玛丽亚·维斯康蒂。弗朗西斯科公爵行受冕礼时将教堂建在左侧，用来纪念圣母玛丽亚。几年以后，他的妻子在右侧建了一座教堂。两座一样的教堂表明，她和丈夫是平等的。

时间轴	1300	1400	1500

铁甲公爵夫人

她不满足于仅做公爵夫人，必要时穿上盔甲行军作战。

比安卡·玛丽亚·维斯康蒂是女中豪杰。她有勇有谋，是米兰公爵菲利波·玛丽亚·维斯康蒂公爵的独生女。因此，父亲一定要为她找一位好夫婿。那时候，人们通过婚姻联盟，权权相加，比安卡5岁时就许配给了弗朗西斯科·斯福尔扎。当时弗朗西斯科24岁，是一名高级将领，菲利波希望他能与自己的女儿结婚。11年后，两人结为夫妇。菲利波·玛丽亚·维斯康蒂临终之时，米兰人民已经厌倦了维斯康蒂时期的政体，大家呼吁成立共和政体。然而，在长期的围守之后，弗朗西斯科劝说米兰市民，他们不会找到比现任公爵更好的人选。1450年3月25日，弗朗西斯科受冕为米兰公爵。比安卡善于领导，弗朗西斯科不在时由她发号施令。她爱好和平，在米兰和其他一些城市建造了很多工程，必要时，她会毫不犹豫地参战。据说，威尼斯人试图征服克雷莫纳（Cremona）时，公爵夫人穿上盔甲，为保卫这座城市战斗了一整天。

Bianca Maria

| 时间轴 | 1300 | 1400 | 1500 | 1600 | 1700 | 1800 | 1900 | 2000 |

SCUOLA PROFESSIONALE FEMMINILE
MANTEGAZZA
ERETTA IN ENTE MORALE NEL 1875

Ismenia   Laura

一个女人，一百种生活

帽徽和米兰的第一所幼儿园。

画像中这位戴白帽子的恬静淡雅的女子叫劳拉·索雷拉·曼泰加扎（Laura Solera Mantegazza），她是一位爱国主义者。奥地利人入侵时，她和三个孩子被迫躲在马焦雷湖。后来，她成了朱塞佩·加里波第的朋友，她独自泛舟去把那些受伤的士兵接到自己的家里，悉心照顾他们。

回到米兰之后，她开始为千人远征筹资，有时她会想："我希望自己能像士兵一样打仗。"但事实上，她创造了更多成就。

| 时间轴 | 1300 | 1400 | 1500 | 1600 | 1700 | 1800 | 1900 | 2000 |

当时，米兰城里贫困的母亲们迫于生计无法照看孩子，很多孩子被遗弃了。在好友伊斯梅妮娅·索曼尼·卡斯泰利（Ismenia Sormani Castelli）的帮助下，劳拉想到了一个解决的办法，她们共同开办了米兰第一所幼儿园，这样一来，妇女们便可以照看孩子了。后来她们又陆续开了三所幼儿园，孤儿院孩子的数量显著减少了。但劳拉觉得这还不够。她认为女人也要上学，因此开设了首个女子职业学校，这座学校目前仍在阿里贝托街（via Ariberto）。劳拉60岁就离世了，她的一生忙忙碌碌，是首位入葬名人堂的女性。

加里波第小配件

为支持千人远征，伊斯梅妮娅制作了一种称为"帽徽"（Coccarda Patriottica）的小配件。这种配件分为两个部分：底部以意大利三色旗配色，上方是加里波第的头像。制造帽徽的那些妇女，她们的孩子都在上幼儿园，因此她们可以按照一里拉一件的价格出售。

《晚邮报》

那不勒斯人创办了米兰的首份日报。

《晚邮报》（Corriere della Sera）是著名的意大利日报，总部位于索费里诺街（via Solferino）28 号，大楼由建筑师卢卡·博尔塔尼（Luca Beltrami）设计。《晚邮报》有着悠久的历史，于 1876 年 3 月 5 日首次出版，由欧亨尼奥·托雷利·维欧利尔（Eugenio Torelli Viollier）创办。

欧亨尼奥生于 1842 年，那不勒斯人，他很小就成了孤儿，后来加入了加里波第的军队，在意大利南部反对波旁王朝的统治。回到那不勒斯后，他遇到了法国作家大仲马。当时大仲马与加里波第达成协议，创办了一份名为《独立报》（L'Indipendente）的报纸，并将工作室从巴勒莫迁移至那不勒斯。欧亨尼奥从大仲马那里学到了创办新闻期刊的秘诀，当大仲马回到巴黎时，欧亨尼奥也随他而去。后来有位编辑松桑佐吉诺（Sonzogno）在米兰给他提供了一份工作，欧亨尼奥于是回到了意大利。在开创自己的事业之前，欧亨尼奥曾为几家报刊写过文章。他将自己创办的报纸命名为《晚邮报》，这份报纸迅速获得成功，至今仍是米兰发行量最大的日报之一。

时间轴	1300	1400	1500	1600	1700	1800	1900	2000

这里曾是一个湖泊

玛特萨那运河（Naviglio Martesana）沿西班牙城墙（Mura Spagnole）从东北部流经米兰。这条河流到加里波第门，穿过一座名为加贝利（Ponte delle Gabelle，商品税务负担过重的意思）的桥，然后与纳维利运河（Navigli）和赛维索（Seveso）河汇合。流经茵科洛拿塔水闸（Incoronata）时，几道河流在圣马可（S. Marco）形成一个湖泊。一直到20世纪的前十年，《晚邮报》印刷出来后都是通过此河运输出去，因为这份报纸的印刷厂正建在河流的沿岸。

阿迈勒医生和佩德罗尼拉

她冒充男医生，在周报上提供医疗指导。

阿玛利亚·莫雷蒂·福贾（Amalia Moretti Foggia）、阿迈勒医生和佩德罗尼拉是同一个人。这个从曼图亚移居到米兰的不同寻常的女人，拥有自然科学学位和儿科学位。她在威尼斯地区的诊所行医 26 年，为那些单身、遭到遗弃和没有工作的女人提供医疗服务。但她还想做更多的事，于是去著名大学教授卫生和营养学。

欧亨尼奥·巴尔赞（Eugenio Balzan）是她丈夫的朋友，《晚邮报》的主管，他建议她在周报《星期日邮报》（La Domenica del Corriere）上开设一个关于医疗咨询的专栏。不过，他建议她以男人的名字署名，因为读者们更倾向于相信男医生。虽然她并不喜欢伪装，但她确实愿意与读者分享医疗知识。她在专栏上发表第二篇文章后不久，便署名佩德罗尼拉。此后，她为读者们写了 20 年的专栏，一次次地对女性读者们说："请掌控自己的生活。"

时间轴	1300	1400	1500	1600	1700	1800	1900	2000

艺术家之岛

一群年轻人在牙买加酒吧探讨艺术，并发现了自己的才华。

牙买加酒吧（Jamaica）不是一般意义上的酒吧。第一次世界大战刚结束的前几年，年轻的画家、雕塑家、摄影师和诗人聚集在这个由莉娜夫人开设的酒吧里，探讨如何改变艺术，如何改变世界。他们想让艺术年轻化，更像他们自己。他们坐在酒吧里，有人从中找到了真正的激情。画家埃米利奥·塔蒂尼（Emilio Tadini）向我们讲述的乌戈·穆拉斯（Ugo Mulas）的故事就是一个例子。穆拉斯是著名的摄影师，曾经想成为一名诗人。他经济拮据，得挣钱满足生计。有一天，一个周刊的主管让他拍些照片，穆拉斯借来一台照相机开始拍照，此后，他便一直从事摄影事业，成了当代摄影界的一位大师。

米兰的热带地区

"牙买加酒吧"这个名字是音乐家朱丽奥·孔法洛涅里（Giulio Confalonieri）提出来的。这位音乐家生活在米兰一个气候潮湿的地方，他渴望热带的阳光。受阿尔弗雷德·希区柯克（Alfred Hitchcock）电影《牙买加客栈》（La taverna della Jamaica）的启发，他将这个酒吧取名为"牙买加酒吧"。

时间轴	1300	1400	1500	1600	1700	1800	1900	2000

获得诺贝尔奖的艺术天王

他是画家、演员、导演、作家和诺贝尔奖得主，他是达里奥·福。

像其他艺术家一样，达里奥·福（Dario Fo）也就读于布雷拉美术学院，他也经常光顾牙买加酒吧。1997年，达里奥·福获诺贝尔文学奖，此后，他以剧作家的身份为世人所知。实际上，达里奥·福有很多身份：演员、导演、布景师、美术史学家和作曲家。起初，他是位画家，后来，他成了剧作家。或许我们得感谢他那位爱讲故事的农民爷爷，他的爷爷常常在集市上讲故事，大家都为之着迷；也可能得感谢他那位有着丰富业余爱好的父亲。也许是因为这些原因，达里奥·福走进了戏剧。达里奥·福和夫人福兰卡·拉梅（Franca Rame）一起在剧院里待了几十年，他们在电视和广场上表演。《滑稽神秘剧》（Mistero Buffo）是达里奥·福最著名的作品。在作品中，他混合意大利语和几种方言，自编了一种新的语言。

《滑稽神秘剧》

剧中，达里奥·福讲述了农民乔瓦尼（Zanni）的故事。乔瓦尼为逃离饥饿从农村来到城市，不幸的是，他发现城里也没有吃的。他梦到皇家晚宴上盛满食物的大餐盘，他太饿了，即使吃下所有的食物也不能满足。因此，他想象着吃掉自己。他睁大双眼，一点点地吃掉自己，最后只剩下一张嘴巴，他不能吃掉自己的嘴巴，不然就没法咀嚼了。醒来之后，他感觉胃部仍被饥饿感灼烧着，他觉得自己饿得可以吃掉山峰和云朵。最后，饥饿的他不得不吃掉一只飞来飞去的苍蝇，而且他觉得味道还不错……

顽童艺术家

皮耶罗·曼佐尼（Pietro Manzoni）创作的作品有《白画布》《地球圆周》和《艺术家的气球》等。

皮耶罗是一位天才艺术家，他出生于米兰的一个贵族家庭。他是画家卢西奥·丰塔纳儿时的好友。皮耶罗想给人们带来惊奇，促使人们去思考。他在纸上画很长的线条，最长的有7200米，这些线条表示地球的周长。他用膨胀的气球构建气体空间，这个作品叫《艺术家的呼吸》（Fiato d'artista）。后来，他又创作了《魔术生活基座》（Basi magiche）——谁爬上这些基座，谁就能成为艺术品。如果将基座倒置过来，你会发现世界本身就是一件艺术品。他最伟大的作品是《艺术家的大便》（Merda d'artista），也就是90个密封的罐头。当时，这些罐头的售价和黄金一样贵。1960年的一个晚上，皮耶罗组织了一场特别的活动，在活动中，他送给人们煮熟的鸡蛋，鸡蛋上有他的签名。那晚，人们甚至可以吃到艺术。如果皮耶罗没在1963年突然离我们而去，谁知道他还会想出什么奇妙的主意呢！

时间轴　1800　1900　2000

布雷拉美术馆和名画故事

和西班牙国王说不的女画家，以及珍贵画作《蒙特费特罗祭坛屏画》的故事。

一位自由独立的女子

索芳妮斯贝·安古索拉（Sofonisba Anguissola）是 16 世纪意大利最著名的女画家。她的画作给伟大的画家米开朗基罗（Michelangelo）留下了深刻的印象。索芳妮斯贝于 1535 年出生于意大利一个叫克雷莫纳的小镇。那时，家人带她向著名的画家贝尔纳迪诺·坎皮（Bernardino Campi）和贝尔纳迪诺·加蒂（Bernardino Gatti）学习。不久之后，索芳妮斯贝成了职业画家，她游历欧洲，主要画肖像。她想抓住模特的面部特征，为此，她研究了肖像画大师达·芬奇的画作。西班牙国王看到她的画后召她去马德里。她很高兴能去皇宫，但当国王建议她嫁给一位西班牙男子，以便能离国王近一点时，她拒绝了。她想过自己的生活，自己选择婚姻。后来，她嫁给了一位西西里岛的贵族，移居巴勒莫。在一次海盗抢劫事件中，她的丈夫失踪了，这桩婚姻也因此画上了句号。在旅途中，索芳妮斯贝遇到了一位来自热那亚的贵族，她嫁给了这位贵族。他们一起生活了三十多年，妻子画肖像，丈夫做海外贸易。当著名的荷兰画家安东尼·范·戴克（Anton Van Dyck）邀她相见时，她的双眼几乎失明了。她一直活到 91 岁，在当时算是高寿了，终其一生，她从未停止过绘画。

时间轴　1400　1500　1600

公爵的三个秘密

布雷拉美术馆（Pinacoteca di Brera）有一幅绝妙之作《蒙特费特罗祭坛屏画》（Pala Montefeltro）。

费德里科·达·蒙特费特罗（Federico da Montefeltro）公爵跪在圣母玛丽亚面前，这幅画里隐藏了三个秘密。

第一个秘密：作者皮耶罗·德拉·弗朗西斯卡（Piero della Francesca）画了公爵的左侧脸，这样才能展现他完美的一面，因为费德里科的右眼在一次战役中瞎了，画家没有暴露公爵残缺的一面。

第二个秘密：公爵的鼻子看上去有点儿奇怪，因为他把自己的鼻子锉平了，这样他可以用左眼看到右侧。对于费德里科而言，从两侧观看都很重要，尤其是在打仗时。就算战争导致公爵瞎了一只眼，但此后他依然可以勇敢作战（他是一位幸运的士兵）。

第三个秘密：和所有骑士一样，公爵只在左手上佩戴珠宝，因为右手要用来拿剑。

时间轴　　1400　1500　1600

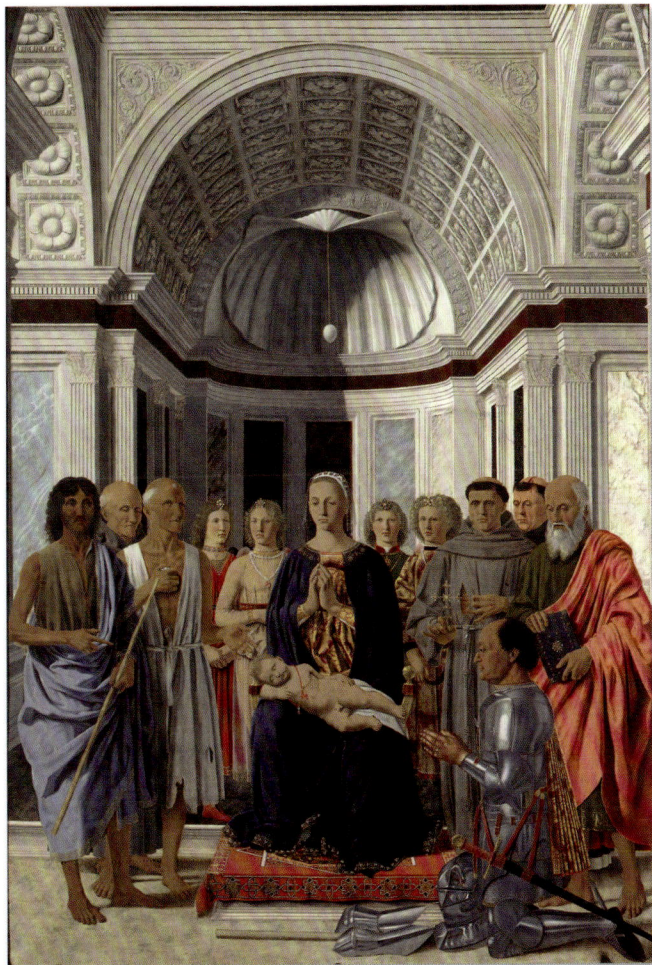

嘉德勋章骑士团

只有极少数人能有幸成为嘉德勋章骑士团的一员。嘉德勋章骑士团的领主是英国女王伊丽莎白二世。关于这个英国骑士团名字的由来，有两种说法。第一种说法认为它的名字源自狮心王理查德在第三次十字军东征时的梦。战役开始的前一晚，圣乔治向国王提出建议，他认为应该让士兵穿上吊袜带（garter，音译即"嘉德"，一种可以固定袜子的东西，当时还未发明松紧带）。如果穿上吊袜带，圣乔治保证他们一定能打胜仗。当然，我们不知道战争的胜利是不是因为士兵们穿上了吊袜带，但战争确实胜利了，于是国王决定设立嘉德勋章骑士团。第二种说法认为名字源自一场皇室舞会。一位伯爵夫人的吊袜带掉了，国王爱德华三世和蔼地帮伯爵夫人捡起吊袜带。宾客们对此议论纷纷，这惹怒了国王，于是国王宣布："心怀邪念者蒙羞。"这句话后来成为嘉德勋章的座右铭。

古老的银杏树

这里的树木和杜莫大教堂的金色圣母像一样古老。

美术学院、艺术画廊、图书馆和植物园（Orto botanico）共同组成了一座学校。植物园于1774年建成，建园目的是为了研究各种植物。最初种植的一些树木如今仍在，其中有两棵巨大的银杏树（Ginkgo Biloba），这两棵与植物园同龄的银杏树高达30米。

银杏树是世界上最古老的树种之一，有活化石的美称，属于大型植物，起源于2.5亿年前，那时候地球上还有恐龙。银杏树这个名称中的"Ginkgo"源于中国，意为银色的杏子；名称中的"Biloba"源于拉丁文，意为两片叶子。银杏树分雌雄株，生命力旺盛，可长期存活。特别值得一提的是，在第二次世界大战中，有六棵银杏树在广岛的原子弹袭击中存活了下来。

时间轴　1600　1700　1800

青年贝卡里亚的痛苦与爱情

如果不是因为爱情，他不会受到父母的惩罚……

哲学家和法学家西萨尔·贝卡里亚（Cesare Beccaria）的家位于布雷拉大街（via Brera）6号。贝卡里亚在作品《论犯罪与刑罚》（Dei delitti e delle pene）中劝说很多规则制定者废除死刑。这里有一个关于他的爱情故事。年轻的贝卡里亚深深地爱上了美丽的特雷莎·德·布拉斯科（Teresa de Blasco），他决定不惜一切代价，甚至不惜违背父母的意愿，娶这位姑娘为妻。父母希望他能有一桩更加门当户对的婚姻，不同意他娶特雷莎，于是把他锁在家中。他设法逃出来，和心爱的姑娘结为夫妻。当时的他经济拮据，而且妻子已经有孕在身。在朋友们的帮助下，贝卡里亚决定回到父母身边，劝说他们改变想法。夫妻二人在午餐时间来到父亲身边，特蕾莎很虚弱，贝卡里亚跪在父亲面前，乞求他的原谅。不久之后，两个年轻人终于回到了家中，茱莉亚·贝卡里亚（Giulia Beccaria）出生了，她是后来的著名作家亚历山德罗·曼佐尼（Alessandro Manzoni）的母亲。特雷莎英年早逝，在她去世几个星期后，贝卡里亚又娶了安娜·巴博（Anna barbó）。

时间轴　1600　1700　1800

威尼斯地区
和这里的故事

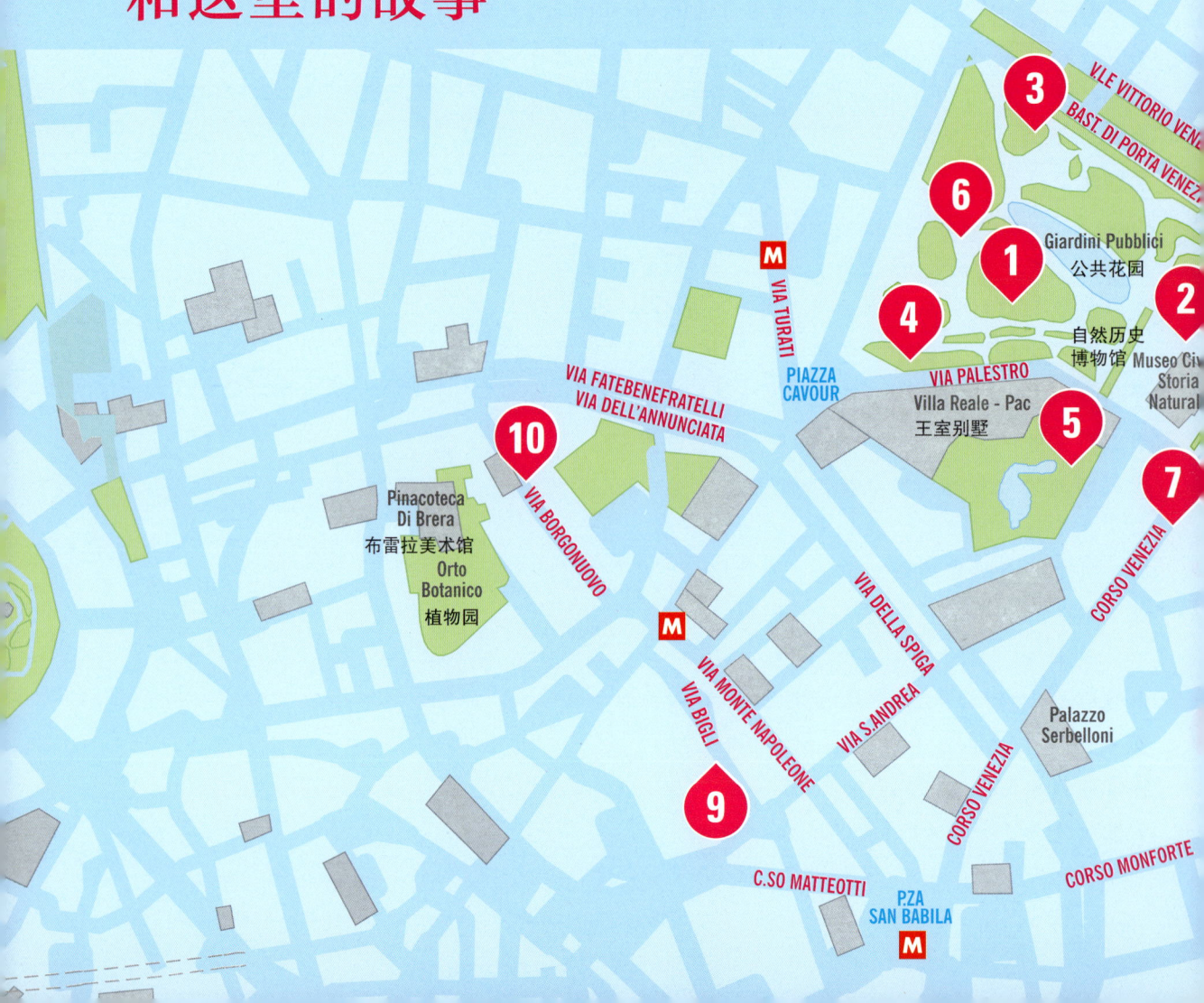

VLE VITTORIO VENE
BAST. DI PORTA VENEZ

3

6

1
Giardini Pubblici
公共花园

4
自然历史
博物馆

2
Museo Civ
Storia
Natural

VIA TURATI

PIAZZA
CAVOUR

VIA PALESTRO
Villa Reale - Pac
王室别墅

5

7

VIA FATEBENEFRATELLI
VIA DELL'ANNUNCIATA

10

VIA BORGONUOVO

Pinacoteca
Di Brera
布雷拉美术馆
Orto
Botanico
植物园

VIA DELLA SPIGA

CORSO VENEZIA

VIA MONTE NAPOLEONE

VIA S.ANDREA

Palazzo
Serbelloni

VIA BIGLI

9

CORSO VENEZIA

C.SO MATTEOTTI

P.ZA
SAN BABILA

CORSO MONFORTE

CORSO BUENOS AIRES

VIALE MAJNO

PORTA
VENEZIA
威尼斯门

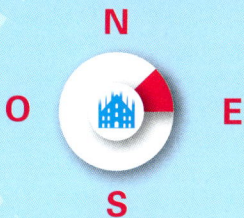

神秘拱门的故事
Bastioni di Porta Venezia

1 舒适宜人的绿色空间
Giardini Pubblici

2 名为"西罗"的棒爪龙
Museo di Storia Naturale
corso Venezia 55

3 坐在马车上兜风的乐趣
Giardini Pubblici

4 一位传奇的女士
Giardini Pubblici

5 大人止步
Giardini Villa Reale

6 一位真正前卫的女性
Giardini Pubblici

7 宫殿是一座剧院
corso Venezia 40

8 黑暗中的旅行
"肉丸子"小酒馆
via Vivaio 7

9 很多人在那里居住过
via Bigli 21

10 用牛奶沐浴，为小狗安葬
via Borgonuovo 20

神秘拱门的故事

虚构的拱门犹如真的拱门一般华美。

本应该与1828年修建的两个通行征税所相连的威尼斯拱门（Porta Venezia）从未建成。当时修建威尼斯拱门是为了取代曾屹立在威尼斯大道中央的东方拱门（Porta Orientale），但关于这座宏伟拱门的几项设计并未付诸实施。

然而在不同时期，米兰人曾设想这里真的有一座宏伟的拱门。他们设想的威尼斯拱门就像知名建筑师路易吉·卡尼奥拉设计的和平门一样华美，而且建造这座拱门是为了纪念来到这座城市的重要人物，例如欧金尼奥·德·博阿尔内总督和他的未婚妻奥古斯塔·巴维尔、奥地利皇帝弗兰茨·约瑟夫一世和他的妻子伊丽莎白（即著名的茜茜公主）。

通往维也纳的大道经由此处。奥地利君主统治时曾在此修建新宫殿，取代古老的女修道院和蔬菜园。上流社会人士搬到此处，成为皇室的新邻居，他们可以在贵迪南多·阿斯伯格·埃斯特总督（Ferdinando d'Asburgo-Este）建造的公共花园内散步。

舒适宜人的绿色空间

米兰第一个公共花园（Giardini Pubblici）诞生了。

费迪南多·阿斯伯格·埃斯特总督委派建筑师皮尔马里尼（Piermarini）负责公共花园的景观设计。这个公共花园是利用卡堪里尼女修道院（delle Carcanine）、圣迪奥尼吉教堂（San Dionigi）和杜纳尼别墅（Dugnani）花园内的土地建造而成。人们可以在这片绿树成荫的地方休息，孩子们可以坐在玩具火车或旋转木马上玩耍。此外，这个公共花园还是自然历史博物馆（Museo Civico Storia Naturale）和天文馆（Planetario）的所在地。

时间轴 1700 1800 1900

名为"西罗"的棒爪龙

偶然发现的恐龙宝宝。

乔凡尼·托得斯科（Giovanni Todesco）从皮耶特拉罗亚（贝内文托省的一个小镇）开发区内的推土机下，救出了一个恐龙宝宝化石。起初，乔凡尼以为这是一只大蜥蜴（它有50厘米长），在电影《侏罗纪公园》的影响下，他开始怀疑这可能是一只小恐龙。事实上，它真的是一只恐龙，而且还是棒爪龙！这是一种生活在1.13亿年前的恐龙物种，并且第一只是在意大利被发现的。据推测，它死去时才几天大，它曾住在环礁湖，可能被波浪拍打过，后被推到沼泽泥潭底部，它一直在那里，直到1980年被人类发现。成年棒爪龙能长到2米长，体重能达到20公斤，看起来有点儿像迅猛龙。棒爪龙喜欢吃鱼和爬行动物，甚至还吃一些小型的无脊椎动物。我们是怎么知道这一切的呢？那是因为人们在它的胃里发现了残余物。在人类发掘的恐龙化石中，棒爪龙是唯一一种我们能追踪其身体内部器官的恐龙，这就是它如此特别的原因。在棒爪龙宝宝被发现的皮耶特拉罗亚，人们亲切地叫它西罗（Ciro）。你可以在威尼斯大道55号的自然历史博物馆看到这个非同寻常的恐龙化石。

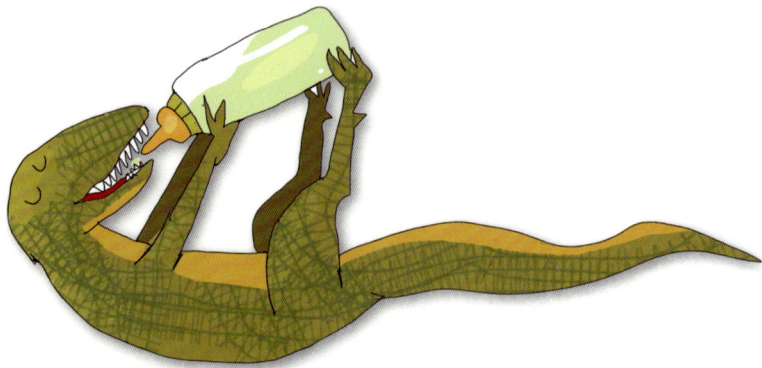

时间轴	1300	1400	1500	1600	1700	1800	1900	2000

坐在马车上兜风的乐趣

在米兰，人们无需步行即可享受到散步的乐趣。

19世纪初，得益于东方拱门处新建的公共花园和华丽的宫殿，一种新风尚诞生了：在绿地中漫步。当时，米兰有2500辆马车，这些乘坐马车的人前往的目的地都一样，那就是公共花园。马车停在公共花园旁边，并排站立，以便乘客交谈。法国作家司汤达和其他知名游客曾来到这座城市，对这种既新鲜又舒适的漫步方式感到十分惊奇。在公共花园的栗树下，人们可以举办一个露天沙龙茶话会。在那里，人们可以自由交谈，并相互问候，他们向世人展示着他们的财富和生活中的尔虞我诈。

时间轴	1300	1400	1500	1600	1700	1800	1900	2000

一位传奇的女士

自由思想的孕育地——花坛和公园池塘边。

19世纪，大多数妇女被迫成为家庭主妇。但她们中也有一些人经过自由意识的熏陶，致力于革命思想的传播，还曾组织过反对奥地利统治的活动。她们向爱国者传递消息（有时会将消息藏匿在她们那别致的发型中），成立秘密社团，即所谓的"园丁社团"（Società delle Giardiniere），之所以这样说，是因为她们常常在公共花园里召开会议。不过，该社团并不神秘，其成员都是奥地利警方经常监视、询问和监禁的对象。其中一些成员曾被迫移民，这些人包括克拉拉·马菲（Clara Maffei）、比安卡·米莱西（Bianca Milesi）、玛蒂尔德·登博夫斯基（Matilde Dembowski）、特蕾莎·阿加齐尼（Teresa Agazzini）、阿玛莉亚·科比安基（Amalia Cobianchi）、卡米拉·菲（Camilla Fé），以及著名的克里斯蒂娜·贝尔焦约索（Cristina Belgioioso）。

时间轴	1300	1400	1500	1600	1700	1800	1900	2000

大人止步

王室别墅的花园专为孩子而设。

在米兰，有一个环境优美的英式花园，它禁止那些没有带孩子的成年人入内。这个花园位于王室别墅（Villa Reale）里，面向公共花园。

这座美丽的王室别墅建于18世纪末，原本是伯爵卢多维科·巴尔比亚诺·迪·贝尔焦约索（Ludovico Barbiano di Belgioioso）的住所。莱奥波尔多·波拉克（Leopoldo Pollack）在设计这座宫殿时将建筑与美学和文化完美结合在一起。卢多维科伯爵非常喜爱这座建在城墙外的王室别墅，因为经历了漫长的军事生涯后，他在这里找到了些许宁静。

宏伟的贝尔焦约索宫（与广场名称一样）是伯爵的兄弟阿尔贝里科（Alberico）的住所，由朱塞佩·皮尔马里尼（Giuseppe Piermarini，波拉克的老师）设计。不久，兄弟俩的宫殿受到米兰其他贵族青年的追捧，他们都希望拥有这样华丽的宫殿。王室别墅周边还有很多空地，于是，优美的威尼斯大道诞生了。

当代艺术馆

王室别墅是如此美丽，以至于在拿破仑时代，它就成为欧金尼奥总督（Eugenio）的宅邸。

奥地利人来到这座城市后，这座宫殿被拉德茨基将军（maresciallo Radetzky）占有。

它在第二次世界大战中遭受空袭后，建筑师伊尼亚齐奥·加德拉（Ignazio Gardella）在曾是宫殿马厩的遗址上设计了当代艺术馆（Padiglione d'Arte Contemporanea，简称"PAC"）。

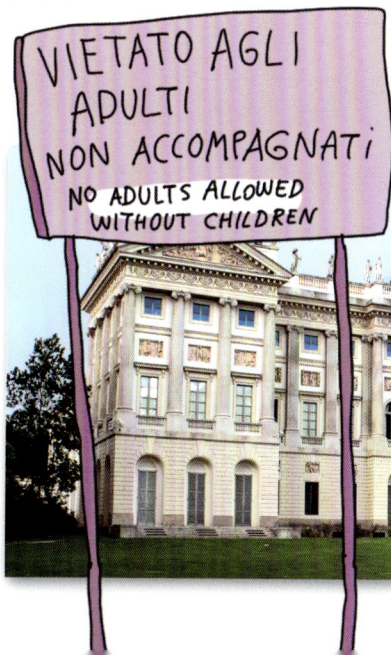

VIETATO AGLI ADULTI NON ACCOMPAGNATI
NO ADULTS ALLOWED WITHOUT CHILDREN

一位真正前卫的女性

她热爱绘画，曾发明机密信息传递方式。她还写书，甚至尝试开办一个健身房。

对于她所处的时代而言，比安卡·米莱西（Bianca Milesi）是一位真正了不起的女性。她的父母将她送往佛罗伦萨的一个修道院学习，在那里，她因活泼和叛逆而出名，后来她回到米兰并结束了她的学业。在学习期间，她爱上了艺术，尤其热爱绘画。对她而言，绘画不仅仅是一个爱好。为了见到雕塑家卡诺瓦（Canova），她搬去了罗马，并成为艺术家弗朗西斯科·海耶兹(Francesco Hayez)的学生。在此期间，她结识了另外两位女性友人，画家索菲亚·莱茵哈特（Sofia Reinhardt）和作家玛丽·埃奇沃斯（Mary Edgeworth），这两位女性都是女权支持者。

回到米兰后，她将头发剪短，穿上合适的衣服和军靴，并对约翰·洛克（John Locke）宣扬宽容自由理念的大量文章进行了研究。她公开反抗奥地利的统治制度，为女性的传统角色打抱不平。警方暗中监视她，她因与爱国者联系，并发明机密信息传递方式（carta frastagliata，使用斜边纸张来传递消息）而被捕。她没有招供，所以警方让她写了一封信，以此确认她的字迹是否与警方没收的一些便条的字迹是一样的。但她远比他们想象得更聪明，她立刻改变了她的书写风格，使字迹看起来不一样，就这样，她被无罪释放了。

很快，她决定离开，前往巴黎。后来她重返意大利，与热那亚的一个医生结了婚，生了两个小孩。她的思想非常前卫，曾计划办一个专为女性开放的健身房，但被阻止了。为了家人的安全，她始终在热那亚秘密开展革命活动，随后，她又回到了巴黎。

不久之后，她与丈夫死于霍乱。她在留给孩子们的遗嘱中写道：他们应该为自由而战。她为世人留下了两本关于伟大女性的书籍：一本是关于希腊诗人萨福（Sappho）的书，另一本是关于米兰数学家玛丽亚·加埃塔纳·阿涅西（Maria Gaetana Agnesi）的书。

谍战利器

斜边纸是一种有孔的纸张，将这种有孔的纸张放在一本书的指定页码或字母上时，孔内会出现一些字，这些就构成了机密信息。

| 时间轴 | 1300 | 1400 | 1500 | 1600 | 1700 | 1800 | 1900 | 2000 |

宫殿是一座剧院

他利用剧院大赚一笔,并建造了一座宏伟的宫殿,以表敬意。

在威尼斯大道40号有一座宫殿,它由10根雕像柱子支撑,看起来非常壮观,这就是萨波里蒂宫(palazzo Saporiti)。我们要讲的这个故事与剧院之间还有某种联系。萨波里蒂宫的第一位主人是加埃塔诺·贝洛尼(Gaetano Belloni),他是一个赌场的老板(赌场场地由斯卡拉歌剧院提供)。为了表达对剧院的感激,贝洛尼委托著名的设计师乔瓦尼·佩雷戈(Giovanni Perego)负责设计宫殿的正门。可以这么说,设计结果令人啧啧称奇。这次设计取得了巨大的成功,人们争相围观其露台——在有重大典礼和游行活动时,这个露台可以作为一个巨大的舞台。然而,在一个不幸的日子里,赌博大亨失去了所有的财富。他所在的城市颁布了一项禁止赌博的法令,这导致贝洛尼身无分文,他不得不将他那美丽的宅邸卖给罗卡·萨波里蒂伯爵(Rocca Saporiti)。

统治者的鞋子

安塞尔莫·隆凯蒂(Anselmo Ronchetti)是一位优秀的鞋匠,很多知名人士都是他的顾客。在他位于塞尔瓦街(via Cerva)的制鞋作坊里,他与他的顾客讨论哲学和文学问题。这些顾客中有些是当时最知名的作家和艺术家。隆凯蒂是拿破仑的崇拜者,在一次阅兵游行中,他第一次见到拿破仑,他很仔细地观察拿破仑的双脚,不用测量尺寸,他就为拿破仑制作了一双合脚的靴子。

时间轴	1300	1400	1500	1600	1700	1800	1900	2000

黑暗中的旅行

在黑暗中一切都不一样，冒险之旅开始了……

米兰的盲人学院（Istituto dei ciechi）面积非常大，这是因为米兰公民对其 1836 年的建造事宜表现得非常慷慨。在学院内部，你可以参观一场独特的展览，这场展览叫《与黑暗对话》（Dialogo nel buio）。游客们在一位视障人士的带领下，经历一场完全在黑暗中进行的旅行。在此期间，游客通过触觉、听觉、嗅觉和味觉来体验新感觉：玫瑰香水的味道变得特别，交通噪音变得令人难以忍受，在黑暗中爬到船上而不掉入水中变得异常困难，在黑暗的酒吧中畅饮有一种全新的体验……

时间轴		1300	1400	1500	1600	1700	1800	1900	2000

"肉丸子"小酒馆

一群热爱新奇事物的艺术家。

"Scapigliati"（原指蓬乱的头发）是指一群居住或是在维瓦易奥街（via Vivaio）碰面的年轻艺术家。如今，这条街已经成为城市的中心地带，但在19世纪，它只是一条乡村小道。这里的建筑物极少，但有很多贵族别墅的果园和花园建在这里。这里住着画家、雕塑家、作家和诗人。他们才华横溢，富有活力，与同龄人相比，他们显得十分叛逆，但更多表现在希望通过不墨守成规的态度来改变他们的生活和艺术修养。艺术家们常常在一个叫"肉丸子"的小酒馆（Osteria del Polpetta）碰面。他们的座右铭是：咖啡馆和酒馆是那些无家可归的人的家。由于他们中的很多人居住在残破不堪的房屋里，所以他们希望在小酒馆找到一处避难之所。为了感谢酒馆老板允许他们赊账，诗人费迪南多·丰塔纳（Ferdinando Fontana）写了一首名为《国王的肉丸》（La polpetta del re）的诗，以半开玩笑的口吻赞颂肉丸子（polpette，本意为"肉丸子"，用隔夜剩菜做成，被诗人描述为一种神圣的食物）。

在普雷沃斯蒂（Prevosti）夫妻搬到维瓦易奥街开始管理小酒馆后，这些艺术家就不再去那里碰面了，他们将见面地点改在了奇科尼亚伯爵（Cicogna）留下的花园里。从5月开始，只要天气允许，这群年轻的艺术家们就在伯爵花园里的大树下碰面，他们在大树下写作、享用午餐、玩草地滚木球

《国王的肉丸》

《国王的肉丸》是用米兰的方言创作的一首诗歌，它真的很独特！该作品的作者是费迪南多·丰塔纳，他是一名记者、诗人和喜剧作家。诗歌描述了肉丸子的制作过程：首先，将松露放入橄榄里，然后用肉把橄榄包起来，接着再将这个肉丸依次塞到各种禽类（从鸽子到火鸡）的肚子里，再把它们塞到猪的肚子里，然后再塞到小牛的肚子里，最后再塞到公牛的肚子里，由此而产生了一个巨大的肉丸，然后将这个巨大的肉丸放入酒中烹煮，煮熟后将一层层的包裹物去掉，然后再吃里面的肉丸。

时间轴	1300	1400	1500	1600	1700	1800	1900	2000

游戏。菲利波·卡尔卡诺（Filippo Carcano）和朱塞佩·芭芭吉莉亚（Giuseppe Barbaglia）创作的一些画作中描绘了这些快乐的场景。

这批年轻的艺术家追求标新立异。如果他们点了一份汤，他们会问店家这份汤有无任何其他"装饰物"，因为他们不想在汤里面找到厨师的头发或其他异物。

1881 年，米兰举办了国家展览，向世人展示该国最新的工业产品。与此同时，米兰还举办了美术展览（Esposizione delle Belle Arti）。然而，在展览上只展示了传统艺术家的作品，那这批推崇标新立异的年轻艺术家们在干什么呢？他们在公园里举办了一场瑕疵艺术作品展。这一奇特的展览上展出了一些什么作品呢？例如名为《因作者死去而无法完成的画作》，只有框和白画布；《女中音歌唱家的肖像》，画里歌唱家的肖像只呈现了一半。

QUADRO NON INCOMINCIATO PER LA MORTE DELL'AUTORE

很多人在那里居住过

比利街（Via Bigli）21 号：名人居住过的地方。

远远超过了沙龙的意义

他们称她为克拉拉，但她的全名其实是埃琳娜·基娅拉·玛丽亚·安东尼·克拉拉·斯皮内利（Elena Chiara Maria Antonia Carrara Spinelli）。她是一位年轻的女伯爵，在她的母亲去世后，她到巴黎去学习，遇上了诗人安德烈亚·玛费伊（Andrea Maffei），并与他坠入爱河。在她 18 岁时，她与诗人结婚了。这不是一场伟大的婚礼，但多亏她丈夫有很多好朋友，克拉拉将她的家变成了一个让知识分子碰面的地方。在她举办的沙龙上，人们不仅谈论诗歌，还讨论意大利的独立性。克拉拉的沙龙声名远播，当法国作家巴尔扎克或德国音乐家李斯特等外国知识分子来到米兰时，他们都会到克拉拉的家里碰面。在位于比利街 21 号的这个住宅前，竖有一块关于这个沙龙的标识牌。

时间轴	1300	1400	1500	1600	1700	1800	1900	2000

开门开门，天才在家吗？

伟大的科学家阿尔伯特·爱因斯坦也在比利街 21 号短暂居住过一段时间。他还在帕维亚住过，在那里，他有很多朋友，他们会一起到提契诺河边散步或游泳。据说，有一次他一直走到了热那亚。年轻的爱因斯坦甚至边走边思考问题，他在 16 岁的时候写了第一篇科学论文。

时间轴	1300	1400	1500	1600	1700	1800	1900	2000

用牛奶沐浴，为小狗安葬

俄罗斯伯爵夫人每次外出时都会有小狗、小猫和小鸟护送。

朱利亚（Giulia）是朱利奥·雷纳托·利塔·维斯康蒂伯爵（Giulio Renato Litta Visconti）的继女，而朱利奥是唯一一个成为俄罗斯海军上将的米兰人。这个年轻的女子在她伯爵丈夫萨莫依洛夫（Samoyloff）死后移居到米兰，曾在波尔歌努佛街（via Borgonuovo）居住过一段时间。她优雅迷人，生活极为奢靡，很多男人都拜倒在她的石榴裙下。她在米兰非常出名，传言 COVA 蛋糕店曾购买她沐浴过的牛奶制成的奶油。

朱利亚非常喜欢动物，她去哪里都会带着一群小狗、小猫和小鸟。有一次，她心爱的小狗死了，她邀请这座城市的贵族们参加小狗的葬礼，并要求每位来宾都穿上丧服，带狗出席。她在米兰住了几年后，与一位默默无名且丧偶的男中音歌唱家结了婚，后移居法国。

蒙尼吉诺·皮塞那

"蒙尼吉诺"（Meneghino）是一个用来形容某人来自米兰的词，它是意大利语"Milano"与"Domenico"的合成词，"Domenico"是指在周日工作的仆人。他们为那些并不十分富有的女性提供服务，这些女性希望一周内至少有一天有人可以陪她们一起去教堂，并为她们开马车门。"蒙尼吉诺"后来成了文学人物，他被赋予了姓氏"皮塞那"（Pecenna，米兰方言中指梳子），因为他常常为他服务的女性梳头，也会犀利批判她们的着装。

时间轴　1700　1800　1900

罗马纳地区

和这里的故事

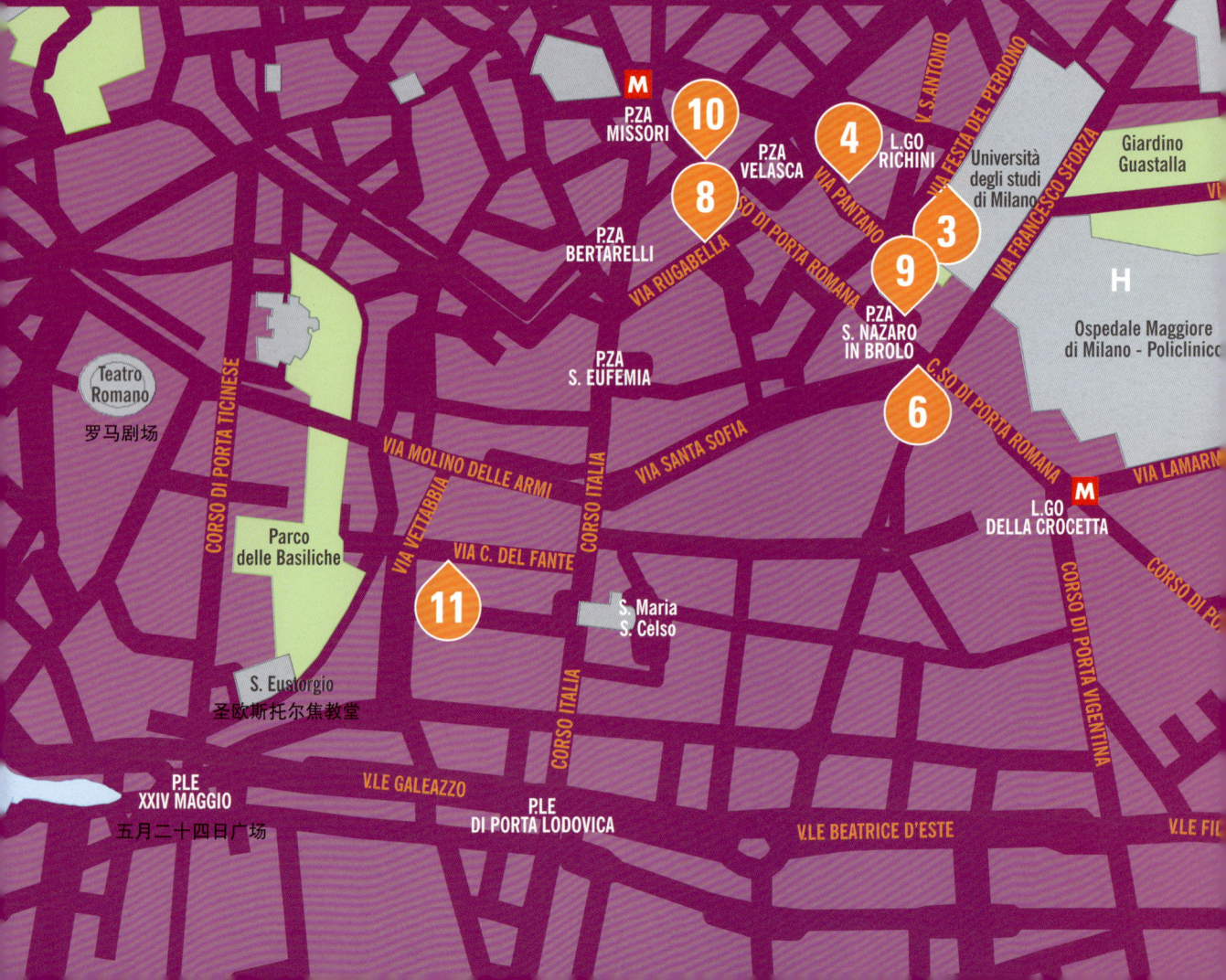

P.ZA MISSORI

10

P.ZA VELASCA

8

P.ZA BERTARELLI

4

L.GO RICHINI

V. S.ANTONIO

VIA FESTA DEL PERDONO

Università degli studi di Milano

VIA FRANCESCO SFORZA

Giardino Guastalla

VL

3

9

P.ZA S. NAZARO IN BROLO

VIA PANTANO

VIA RUGABELLA

CORSO DI PORTA ROMANA

H

Ospedale Maggiore di Milano - Policlinico

P.ZA S. EUFEMIA

Teatro Romano

罗马剧场

CORSO DI PORTA TICINESE

Parco delle Basiliche

VIA MOLINO DELLE ARMI

VIA SANTA SOFIA

CORSO ITALIA

6

C.SO DI PORTA ROMANA

L.GO DELLA CROCETTA

VIA LAMARM

CORSO DI

VIA VETTABBIA

VIA C. DEL FANTE

11

S. Maria S. Celso

CORSO ITALIA

CORSO DI PORTA VIGENTINA

S. Eustorgio

圣欧斯托尔焦教堂

P.LE XXIV MAGGIO

五月二十四日广场

V.LE GALEAZZO

P.LE DI PORTA LODOVICA

V.LE BEATRICE D'ESTE

V.LE FIO

Palazzo di Giustizia

VIA BESANA

7

Rotonda
罗堂达

VIA PACE

VIA F. DAVERIO

VLE REGINA MARGHERITA

5

P.ZA UMANITARIA

VIA LAMARMORA

VLE CALDARA

VLE MONTE NERO

1

P.LE MEDAGLIE D'ORO

M PORTA ROMANA
罗马纳门

2

CORSO LODI

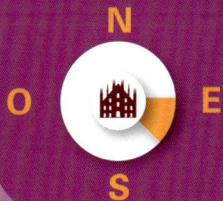

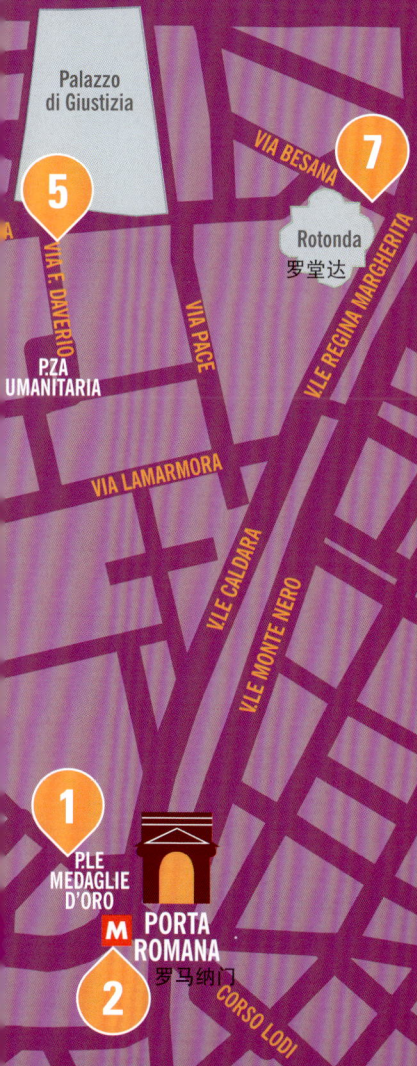

罗马纳门的故事
piazza Medaglie d'Oro

1 沿着有柱廊的街道购物
corso di Porta Romana

2 站在长廊上欣赏这座城市
流氓聚集地
piazza Medaglie d'Oro

3 卡格兰达宫
猪不会被制成意大利熏火腿
via Festa del Perdono7,
largo Richini

4 富有才华的人对穷人的慈爱之心
via Pantano

5 人道主义的捐助者
肉汤伯爵夫人
玩是一门艺术
via Daverio 7

6 因没有女巫而被迫关闭
via Santa Sofia

7 罗堂达的变迁
via Besana 12

8 8 种语言，8 个孩子
via Rugabella 11

9 无畏的贵族
piazza San Nazaro in Brolo 5

10 罗马纳门的罪恶
corso di Porta Romana 3

11 古老的运河
via Cosimo del Fante 16

罗马纳门的故事

罗马纳门——国王统治的关卡。

你所看到的罗马纳门（Porta Romana）与古老的西班牙城墙连接，呈拱门形状。这座拱门是西班牙国王腓力三世（Filippo Ⅲ）来到米兰后为他的未婚妻玛格利特（Margherita）修建的。拱门上雕刻了两个珍珠贝壳装饰，你知道这是为什么吗？因为玛格利特的名字在拉丁语里是珍珠的意思。罗马纳门是洛迪通向罗马的大道起点。

沿着有柱廊的街道购物

罗马时代，米兰 600 米长的购物街。

4 世纪，米兰已经开始兴起交易市场，罗马纳门大道是一条长 600 米，设有柱廊的购物街，这条路的终点是一座拱门。这座城市欢迎那些有着丰功伟绩的罗马英雄。拱门建在如今的拉马尔莫拉街（via Lamarmora）与维京提纳门（porta Vigentina）之间的十字路口处。这是一条非常奇特的街道，铺有石头，宽 9 米。柱廊前的街道上商品琳琅满目，看起来像是一个古老的购物中心。

时间轴	300	200	100	0	100	200	300	400

站在长廊上欣赏这座城市

几个世纪前供市民散步游玩的长廊和公园。

　　奥地利皇后玛丽亚·特蕾莎很喜欢米兰，她想将毫无用途的城墙变成一个给人带来欢乐的长廊。她下令将城墙的范围扩大，并种上桑树、悬铃树和马栗树。在 19 世纪中期，这条供人们散步的长廊长度已经超过了 6 英里，并且被填高了。因此，人们可以在上面欣赏米兰的美景。在城墙脚下，与罗马纳门相邻的是一个名为塔博尔（Monte Tabor，为了纪念拿破仑于 1799 年在塔博尔山战胜奥斯曼人而命名）的小山丘。这里有凉亭、游乐场，甚至还有过山车，很快成为人们聚集在一起开派对的地方。

焦孔达和福卡·芭比萨

　　数年后，小山丘被挖平，并建成有轨电车车站。一列特殊的有轨电车焦孔达（Gioconda）专门将死去的人及其哀悼者运送到墓地。婚礼用的有轨电车经过装饰后，将参加婚宴的人们送到目的地。洒水用的有轨电车福卡·芭比萨（Foca barbisa）又被称为"小胡子海豹"或"海豹"，之所以这样称呼，是因为从它发动机的两侧喷出来的两股水（用来湿润那时没有硬化的土路），看起来像是海豹的两撇小胡子。

时间轴　1700　1800　1900

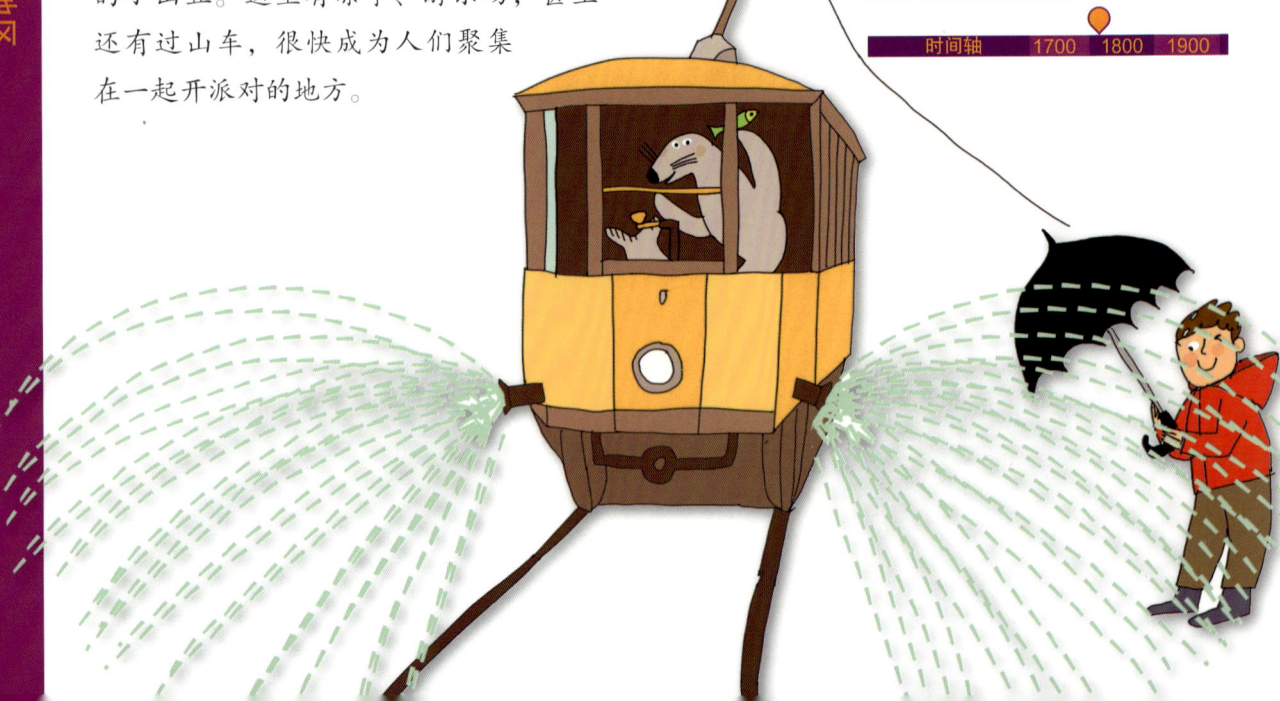

流氓聚集地

城墙附近是流氓碰面和进行犯罪活动的地方。

城墙附近的流氓团伙聚集地（Compagnia della Teppa），是流氓碰头的地方。在米兰方言里，"teppa"是斯福尔扎城堡周围生长青苔的地方，也是流氓们滋事的地点。当时的报纸曾描述"teppisti"是一群年轻的地痞流氓和闹事者，他们专门打架斗殴，靠一些资产阶级和贵族的资助，搞一些虚张声势的犯罪活动和集体恶作剧来娱乐。在发生某个上流社会夫人被绑架的事件后，这一流氓团伙被解散了。

时间轴	1300	1400	1500	1600	1700	1800	1900	2000

卡格兰达宫

如今，它已经变成了一所大学，但它最初是一所真正创新的医院。

如果你站在拉戈·里契妮（largo Richini）花园里，通过菲斯塔·德尔·皮尔多诺街（via Festa del Perdono）向远处眺望，你就会明白这片大型的建筑群为什么叫卡格兰达宫（Ca'Granda，大房子的意思）。它由三部分组成，历时500年建造而成。

当时，弗朗西斯科·斯福尔扎公爵和比安卡·玛丽亚·维斯康蒂希望建造一所最好的医院。他们邀请了建筑师伊尔·费拉来特（il Filarete，因建造斯福尔扎城堡而出名）负责建造

为获得赦免而付出代价

卡格兰达宫所在的街道被称为菲斯塔·德尔·皮尔多诺街（Festa del Perdono，Perdono在意大利语中是宽恕的意思），这是因为罗马教皇二世（Papa Pio II）承诺赦免捐钱修建医院的人的罪行。

事宜。建筑师设想了一座城中之城，例如病房区、教堂和修道院，内有冰库、木屋和药房（也就是今天药店的雏形）。这里也有储物室、马厩、磨坊、面包店、屠宰店，以及向病人出售他们所需物品的商店。在这座建筑物后面有一条运河（如今被斯福尔扎大街覆盖），有供船只运载货物和供给品的码头。运河向医院提供水源。病床设在长长的走廊处，每张床后面的墙壁上设有小壁龛，用来存放病人的私有物品；这类壁龛还配有折叠门，有点类似现代设计，将壁龛打开后，它就变成了一张小桌子。然而，这座建筑物最特别的是它的厕所，在这里，一个厕所供两名病人使用，当时一些没有厕所的人家认为这极为奢侈。每个患者躺在床上就可以看到教堂，因为在建造这座医院时没有修筑侧墙。在这里，走廊彼此交叉。实际上，卡格兰达宫是一所真正的现代化医院，对于那些有抱负的医生而言，卡格兰达宫就像一所学校，对于那些希望了解更多关于药物和疾病知识的人而言，卡格兰达宫就像一个图书馆。

卡格兰达宫聚会

米兰人喜欢在卡格兰达宫的主庭园碰面。很多人会在这里举办宴会、参加演出活动、买彩票和踢足球，这样的狂欢活动一直持续到天亮。随着这座建筑物禁止对外开放，所有这一切活动在17世纪中期烟消云散了。

时间轴								
	1300	1400	1500	1600	1700	1800	1900	2000

猪不会被制成
意大利熏火腿

猪在市中心的街道上游荡。

在 15 世纪初期，猪可以在卡格兰达宫周围晃荡。人们即使在饥饿的时候，也不会打这些猪的主意，因为它们属于毗邻圣安东尼街（via Sant'Antonio）的教堂里的修道士。这些修道士专门研究麦角病的治疗方法。麦角病是一种非常痛苦的疾病，在意大利非常肆虐，它被称为"圣安东尼之火"，肥猪肉可用于治疗。因此，这些猪才可以在街上自由晃荡，它们的大腿处盖有一个 T 形十字架图案，以防被偷。

| 时间轴 | 1300 | 1400 | 1500 |

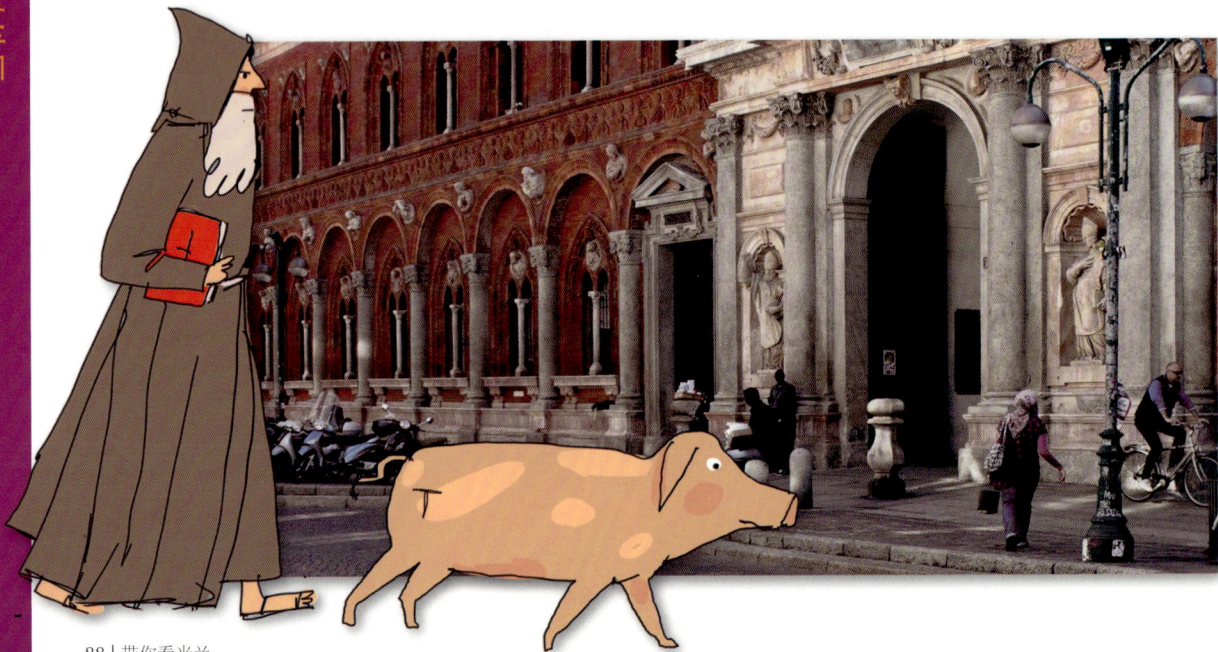

富有才华的人对穷人的慈爱之心

她是一个真正的天才，会讲7种语言，让伟大的科学家啧啧称奇。

玛丽亚·加埃塔纳·阿涅西（Maria Gaetana Agnesi，1718-1799）出身于书香世家，她的父亲有3个妻子，20个孩子。父亲彼得罗·阿涅西想进入贵族圈，他利用玛丽亚惊人的天赋实现了这一目的。玛丽亚从她的女家庭教师那儿学会了法语，从她的兄长那儿学会了拉丁语，然后她又学会了希腊语、德语、西班牙语和希伯来语，她被誉为神童。玛丽亚9岁时举办了一次公共演讲，旨在倡议人们维护女孩的学习权利。她学习哲学、逻辑学、生物学、气象学、物理学和光学。

有一天，她向父亲表达了她想成为一名修女的心愿，她的父亲并不赞同这一想法，但他允许她远离社交活动。至此，她开始潜心研究数学。她编写了一本微积分教科书，对当时科学家们提出的最难的问题进行了分析。这是一本国际畅销书，教皇和奥地利女皇为此向她颁发了奖杯。她的父亲过世后，玛丽亚全身心投入到为穷人服务中：她把自己的家改造成了供穷人使用的医院。直至去世，她一直在"皮奥·阿尔博格·基乌齐奥"（Pio Albergo Trivulzio）机构从事慈善事业。

老人之家

皮奥·阿尔博格·基乌齐奥机构是那些贫穷老年人的避难所，它是安东尼奥·托勒密·基乌齐奥（Antonio Tolomeo Trivulzio）王子慷慨捐助建造而成的。安东尼奥·托勒密·基乌齐奥王子于1766年去世后，他位于圣格罗拉街（via Signora）的宫殿收留了第一位"维奇奥尼"（vecchioni，老年人的一种称呼）。随着时间的流逝，老人之家需要更多的房间，于是皮奥·阿尔博格·基乌齐奥机构搬到了郊区。因该机构临近巴焦（Baggio），所以现在有些人也称它为巴焦娜（Baggina）。

时间轴　1700　1800　1900

人道主义的捐助者

不是施舍，是帮助。

莫伊兹·洛里亚（Moisè Loria）于1814年出生在意大利曼图亚的一个犹太家庭，他的家族因与埃及总督做生意而变得富有。回到意大利后，他在米兰安了家。这座城市富有现代化的气息，但还存在贫富差异。莫伊兹决定为一些需要帮助的人做一些事。他不赞成施舍，而是偏向采用团结一致的方式，也就是赠人以鱼不如授之以渔，比如为穷人提供受教育的机会和就业的机会。莫伊兹将他所有的财产（一笔巨大的财富）用于建造人道主义机构：开办学校、为工人建造家园，甚至修建剧院。米兰很多上流社会人士也参与进来，这其中有亚历山大·拉维扎（Alessandrina Ravizza）、阿图罗·托斯卡尼尼（Arturo Toscanini）和布鲁诺·穆纳里（Bruno Munari）等。时至今日，相关人道主义机构仍为人们开办学校和提供就业机会。这些美丽的建筑物位于达维里奥街（via Daverio）7号，是15世纪方济会修道院的聚集地。

玛丽亚·蒙台梭利

玛丽亚·蒙台梭利（Maria Montessori）是著名的儿童教育学家。她是一名医生，并发明了一种新的儿童教学方法。蒙台梭利创建了"儿童之家"，在这所学校里，孩子们的主要任务就是玩，老师们也是在不用课桌的情况下教学。蒙台梭利认为应该为孩子们提供一个好的环境让他们自由活动，她相信孩子们的能力，让他们通过自己的感官去体验。她坚定地认为，"儿童之家"的孩子们这种自发性和自我纠错能力，有助于提高他们的学习能力。

时间轴　1700　1800　1900

肉汤伯爵夫人

她穷尽一生为穷人争取利益。

亚历山大·马西尼（Alessandra Massini）于 1846 年在俄罗斯出生，她的父亲是米兰人，她的母亲是德国人，在这种家庭环境下长大，她学会了 8 种语言。在米兰，她遇到了朱塞佩·拉维扎（Giuseppe Ravizza），并与他结婚。亚历山大对沙龙聚会并没有太多兴趣，她更愿意为米兰的穷苦阶层提供服务，尤其是妇女和儿童。

意大利统一后，许多曾参与了独立斗争的妇女回到了家庭中，其他一些像亚历山大一样的妇女则继续为改变社会而奔走。她认为有必要创办女校，为穷人创建免费的医疗服务机构，为病人开设食堂。她认为为妇女赢得选举权也很重要，同时也应关注青少年的犯罪问题。在朋友索莱拉·曼泰加扎（Solera Mantegazza）的帮助下，亚历山大开办了深受妇女欢迎的免费专科大学。在安娜·库里兹奥夫（Anna Kuliscioff）的帮助下，她创办了专为女性服务的诊所。秉承"一切皆有可能"的座右铭，亚历山大致力于人道主义事业的发展，直至她去世。因为她为穷人开设了提供食物的餐厅，米兰人称她为"肉汤伯爵夫人"（Contessa del Brodo）。

时间轴　　1700　1800　1900

在日语中，
"Mu-nari"
的意思是
"从无到有"。

玩是一门艺术

玩始于童年，直至我们长大成人。
当玩成为一门艺术时，可受用终生。

1907 年 10 月 24 日，我们并不确定那是什么时候，布鲁诺·穆纳里（Bruno Munari）写道："在没有任何人告知的情况下，我突然意识到自己正赤身裸体地位于这座城市的正中心。" 穆纳里是一位非常爱玩的艺术家，他可以利用实物来玩，也可以利用文字来玩，在他看来，玩是一件很严肃的

艺术与孩子

　　对于穆纳里而言，艺术与孩子是相通的，这就是为什么1977年布雷拉美术学院会将一项重任交给他，让他教孩子们艺术知识，而又不使孩子们感到无聊。最终，穆纳里找到了一个方法。他想起了一句谚语："听会忘记，看能记住，做才能理解。"这就是穆纳里儿童研究室的由来，你可以在博物馆或展会上看到。在穆纳里的一生中，他一直在玩在创造，直至91岁去世。

事情。他亲自尝试过很多事情：画画、制作雕塑（如漂亮精致的随身雕塑）、发明东西（如专门为不想见的客人而设计的难受椅）、写书（如不可读之书）、制造玩具（吱吱猴和梅奥·罗密欧猫），他还制作了一些无用的机器。他常常说，这样做是为了当他看到不协调的颜色、丑陋的商店窗户、粗俗的形态时，他仍可以看到其他美好的东西。他问自己：为什么不改善一下我们所生活的世界的样子？后来，当他的儿子出生后，他意识到，人们可以为孩子制作漂亮的东西，回忆自己的童年，他认为孩子是非常富有创造力的。

《小白帽》

　　在布鲁诺·穆纳里写的很多书中，最使孩子感到惊奇的一本是《小白帽》。这本书讲的故事与小红帽的故事类似，都有外婆和大灰狼。但是，在小白帽的故事中，一切都被大雪覆盖了，小女孩的全身都是白色的，书上的每一页看上去就像空白的，几乎看不见什么内容，除了书的最后出现的那双蓝色眼睛。

因没有女巫
而被迫关闭

用建造女巫监狱的砖头来建造教堂。

　　弗朗西斯科·斯福尔扎街（via Francesco Sforza）和圣索菲亚街（via Santa Sofia）的交汇处是罗凯塔（rocchetta），建于德皇腓特烈一世时期。17世纪时，费德里科·博罗梅奥红衣主教将其变成了一座囚禁女巫和女术士的监狱。一段时间后，也许是因为缺少犯人，这座监狱就停止使用了。"杜莫神圣工厂"（Fabbrica del Duomo，为监督米兰杜莫大教堂施工情况而成立的组织）买下了这座建筑，并用它的砖头建造了大教堂的正面。在斯福尔扎城堡里，你可以看到罗凯塔浅浮雕的复制品。

时间轴	1300	1400	1500	1600	1700	1800	1900	2000

罗堂达的变迁

它最开始是一片墓地，后来被当作兵营、洗衣房、干草存放处，现在，它成了儿童博物馆。

贝莎拿街（via Besana）的罗堂达（Rotonda）如此漂亮，所以，它由墓地变成了意大利国王的万神殿——一座用来纪念所有意大利英雄的神殿。或许这只是拿破仑的计划。不幸的是，这位法国君主被赶出意大利后，这座建筑就另作他用了，如存放干草、设置洗衣房等。现在，它是儿童博物馆(Museo del Bambino，简称 MUBA ）的所在地。

当罗堂达是卡格兰达宫的墓地时，人们穿过奇迹之门（ Porta della Meraviglia ）就可以到达这里，今天，从弗朗西斯科·斯福尔扎街就可以看到它。

时间轴	1300	1400	1500	1600	1700	1800	1900	2000

8 种语言，8 个孩子

公公希望她待在家中，奥地利人将她流放。

克莱利亚·德尔·格里洛（Clelia del Grillo）是一位热那亚贵族，她嫁给了乔瓦尼·贝内代托·博罗梅奥·阿莱赛（Giovanni Benedetto Borromeo Arese）。她学识渊博，聪慧非凡，热爱自然科学和数学。克莱利亚天资聪颖，会说包括阿拉伯语在内的 8 种语言，她育有 8 个孩子，并开办了一所学校。科学家和知识分子在她卢嘎贝拉街（via Rugabella）的会客厅中废寝忘食地探讨问题。克莱利亚渊博的学识让他的公公感到震惊，或许这位老人希望有一位更加传统的儿媳，又或许这也是奥地利人的想法，他们不喜欢这位贵族妇女，不喜欢她在奥地利分裂的战争期间站在西班牙那边。奥地利人拿走她的财产，迫使她离开。几年之后，她回到米兰，又重新为知识分子举办沙龙活动。她于 1777 年逝世，享年 93 岁。

时间轴	1300	1400	1500	1600	1700	1800	1900	2000

无畏的贵族

他 75 岁时还在打仗，举办过千人宴。

吉安·吉阿科莫·基乌齐奥（Gian Giacomo Trivulzio）是一位米兰贵族，他效力于法国国王。他于 1507 年 5 月 30 日举办过一场有上千人参加的大型晚宴，宴会在罗马纳门大道的亭台下举行，以招待国王和宾客。

吉安·吉阿科莫一开始跟随斯福尔扎公爵，后来投奔法国军队。他抓住了老朋友卢多维科，并把他带到法国。他参加最后一场战役时已是 75 岁的高龄，在马里尼亚诺（Marignano）战役中击败了瑞士军队。吉安·吉阿科莫无所畏惧，因此人们总记得他是位强大的军事指挥官。

嘘！吉安·吉阿科莫在休息……

圣纳扎罗教堂（San Nazaro）与罗马纳门相邻。吉安·吉阿科莫为家人建造了基乌齐奥（Cappella Trivulziana）礼拜堂和一座陵墓，位于教堂大殿右侧的入口处。吉安·吉阿科莫死于法国，他的遗体后来被运回意大利。他的墓碑上刻着拉丁语碑文：他从未好好休息，别说话！让他休息吧！（Qui numquam quievit quiescit. Tace）你认为他会请你保持安静吗？

时间轴　1300　1400　1500　1600　1700　1800　1900　2000

⑩

罗马纳门的罪恶

只有魔鬼才会逃离瘟疫。

大瘟疫时期，每个人都提心吊胆地活着。当时，有谣言说，罗马纳门（Porta Romana）3号的阿契尔必宫（Palazzo Acerbi）住着一个化为人形的魔鬼。见到他的人这样描述：魔鬼看上去五十多岁，留着长胡子，中等身材，每天都坐着一辆由6匹马拉的马车在外游走，后面还跟着16个穿着绿色华服的年轻马夫。这个魔鬼其实就是卢多维科·阿契尔必侯爵（Lodovico Acerbi），西班牙国王把他召集到米兰，大家不欢迎他，因为他太奢侈。在他炫富的时候，米兰有很多人因为饥饿与瘟疫而死亡。实际上，阿契尔必侯爵的生活丝毫没有受到瘟疫的影响，他依然在家中和朋友聚会。如果阿契尔必侯爵和他的家人、朋友没有感染瘟疫，那他肯定就是魔鬼！瘟疫过后，生活回归本来的面貌，普通人忘了这件关于魔鬼的事，只有他那奢华的宫殿依然还在。

| 时间轴 | | 1300 | 1400 | 1500 | 1600 | 1700 | 1800 | 1900 | 2000 |

古老的运河

这条运河由罗马人修建，如今仍流经米兰，汇至古井。

莫里维奥内（Morivione）位于米兰南部，维塔比亚运河从这里的混凝土建筑下方流过。这个村落的名字源自14世纪一位彪悍的强盗，村民们非常惧怕这个叫维奥内（Vione）的强盗。最后，他们忍无可忍，便请卢奇诺·维斯康蒂（Luchino Visconti）勋爵出面相助。卢奇诺很快杀死了维奥内。这是在"圣乔治日"前夕，人们为了纪念此事，在《圣乔治屠龙》的画上写下"Qui Morì Vione"（意为"维奥内死了"）。时光抹去了第一个单词和两个单词之间的空格，只剩下了"Morivione"这个名字。

由罗马人修建的维塔比亚运河（Vettabbia）是世界上最古老的运河之一。我们能够在米兰找到它的第一处踪迹——它从与它相同名字的街道下方流过。古运河的第二处踪迹在科西莫·德尔·方塔街（via Cosimo del Fante）16号，流水汇至一口古井中，这口井是圣玛丽亚德拉维塔比亚修道院（Santa Maria della Vettabbia）的一部分。在德皇腓特烈一世入侵时期，修道院收留了很多女孩。维塔比亚运河的第三处也是最后一处踪迹在城外，大致在基亚拉瓦莱修道院（Abbazia di Chiaravalle）附近。

时间轴	1300	1400	1500	1600	1700	1800	1900	2000

提契诺地区
和这里的故事

P.ZA DEGLI AFFARI

VIA BOLLO

P.ZA BORROMEO

P.ZA S. SEPO

P.ZA MENTANA

7

P.ZA S.GIOR

VIA TORINO

VIA DE AMICIS

V. CORRENTI

L.GO CARROBBIO

VIA STAMPA

VIA S. VITO

6

P.ZA DELLA RESISTENZA PARTIGIANA

5

P.ZA DELLA VETRA

CORSO GENOVA

VIA CONCA DEL NAVIGLIO

Teatro Romano
罗马剧场

VIA ARENA

CORSO DI PORTA TICINESE

VIA MOLINO DELLE AR

P.TTA GENOVA

P.LE CANTORE

Parco delle Basiliche

VIALE D'ANNUNZIO

VIA ARENA

4

圣欧斯托尔焦教堂
S.Eustorgio

P.ZA S.EUSTORGIO

P.LE STAZIONE PORTA GENOVA

Darsena
戴森娜

2

五月二十四日广场

VIA SAMBUCO

VIALE GALEAZZO

VIALE GORIZIA

P.ZA XXIV MAGGIO

VIALE COL DI LANA

S. CRISTOFORO

P.LE DELLE MILIZIE

M

VIA VIGEVANO

VIA CORSICO

RIPA DI PORTA TICINESE

PORTA TICINESE
提契诺门

C.SO SAN GOTTARDO

1

Alzaia Naviglio Gran

VIA CASALI

Alzaia Naviglio Grande

VIA LODOVICO IL MORO

VIA FUSETTI

Alzaia Naviglio Pavese

VIA ASCANIO SFORZA

3

VIA MAGOLFA

VIA PAOLI

P.ZA ARCOLE

9

VIA TORINO

VIA MAZZINI

P.ZA MISSORI
米索里广场

P.ZA ESSANDRO

1

10

Torre Velasca

P.ZA BERTARELLI

C.SO DI PORTA ROMANA

C.SO ITALIA

C.SO ITALIA

LE LODOVICA

ARMARORI

N
O E
S

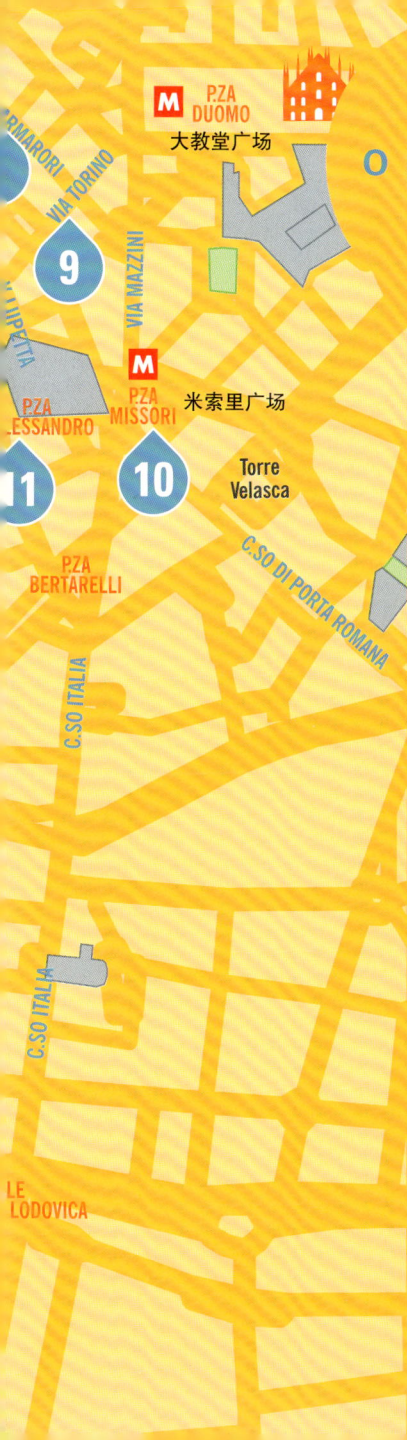

1 有三个名字的古城门
piazza XXIV Maggio

1 圣克里斯托弗教堂
刚毅的公爵夫人
via San Cristoforo 3

2 波伐罗拉小船
Darsena

3 烟囱清洁工的教堂
via Magolfa 13

4 圣欧斯托尔焦教堂
被夺走的三圣王遗骸
治疗头痛的教堂
Chiesa di Sant'Eustorgio
piazza Sant'Eustorgio 1

5 浓雾
corso di Porta Ticinese 39

6 小世界
quartiere Ticinese

7 灰寂之街
via Bagnera

8 意大利制造的盔甲
via Armorari

9 巧妙的设计
via Torino 17-19

10 可怕的贝尔纳博
piazza Missori

11 戏剧人生
piazza Sant'Alessandro 6

有三个名字的古城门

提契诺门（Porta Ticinese）是进入纳维利地区的关卡，它维系了两个地区的和平。

提契诺门正好位于五月二十四日广场（piazzale XXIV Maggio）的中间，也是纳维利地区的大门。为了纪念战胜奥地利，法国人修建了此门，当时叫马伦戈门（Porta Marengo）。

它是拿破仑时期新建立的城门之一，取代了附近的西卡门（Porta Cicca）。提契诺门也由建筑师卡尼奥拉设计，但是由于奥地利人重返米兰，它成了和平的纽带。它背朝帕维亚地区，那里有在维斯康蒂时期就存在的一些重要的村庄。它与佛马嘎提（formagiatt）相邻。在它的右侧，纳维利运河和帕韦泽运河（Naviglio Paves）流经古老的戴森娜（Darsena）港口。

美国橡树

就在拱门旁边，有米兰最著名的树：一棵1895年种植的美国橡树，用于纪念那些在一战中牺牲的人们。

圣克里斯托弗教堂

一座特别的教堂迎接那些沿纳维利运河划船而来的人们。

作为这座城市的一个出入口，迷人且形状奇特的圣克里斯托弗教堂（San Cristoforo）位于纳维利运河的右侧。它有两个不同的外观，原因很简单：那里曾有两座并排建立的教堂。最古老的一座建在左边，它建于 1100 年，这座教堂是献给朝圣者和乞丐的保护神圣克里斯托弗的；第二座教堂建于几个世纪之后，它是吉安·加利亚佐·维斯康蒂公爵送给米兰人民的礼物，人们认为 14 世纪灾难的突然结束全部归功于圣克里斯托弗的庇佑。1625 年，两座教堂之间的围墙拆除后，它们合二为一成了现在的圣克里斯托弗教堂。

时间轴	1000	1100	1200	1300	1400	1500	1600	1700

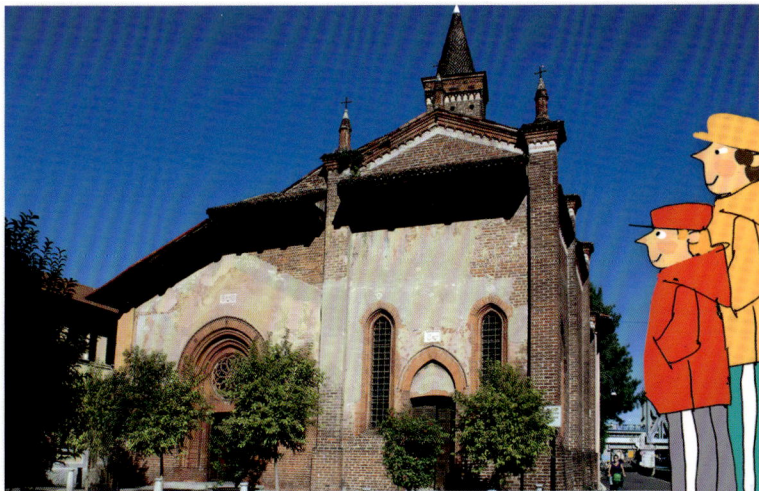

龙形蛇纹章

龙形蛇（biscione）是维斯康蒂和斯福尔扎军队的纹章，与白盾上的红十字，共同象征了他们所统治的城市——米兰。它代表了一条蛇怪（米兰的方言称它为 bissa），这条蛇怪吞下了一个小男孩。它的起源无法确定，传说维斯康蒂家族的创始人杀死了一条叫塔兰塔西奥（Tarantasio）的龙形蛇怪，它生活在洛迪周围，总是恐吓人类，还吃他们的小孩。为了纪念这一英雄壮举，人们用龙形蛇作为他们的象征物。

刚毅的公爵夫人

她期望过上女王一般的生活，却敌不过比她更强大的人……

那不勒斯国王的女儿伊莎贝拉（Isabella）一岁时就被许配给了她的表兄吉安·加利亚佐·玛丽亚·斯福尔扎。米兰是座重要的城市，伊莎贝拉认为，与欧洲皇室的公爵成亲，就可以过上女王一般的生活。

婚礼游行在 11 只游船上举行，这些船将开往热那亚。伊莎贝拉的送亲队伍有 400 人，其中有那不勒斯皇室的贵族、女士、女佣、仆人和厨师。在当时，跨海并不容易，他们花了 18 天才抵达热那亚，再从热那亚经过蒙费拉托（Monferrato），抵达阿比亚格拉索（Abbiategrasso），停泊在纳维利运河。迎亲的游船早已在此等候，等着迎接伊莎贝拉来到新的城市。1489 年 2 月 1 日，严寒的天气无法阻挡米兰市民的热情，他们聚集在运河旁等待着一睹新公爵夫人的芳容。游船停靠在圣克里斯托弗教堂旁边，年轻的公爵和他的叔叔卢多维科·伊尔·摩洛带着 500 名侍从，等待伊莎贝拉的到来。街道上满是五颜六色的花环，一位装扮成丘比特模样的小男孩为新婚夫妇朗诵诗文。

　　一切似乎都很完美，但伊莎贝拉很快便意识到自己嫁给了一位懦弱的丈夫。丈夫的叔叔卢多维科言行举止就像自己才是真正的公爵，她的丈夫得听命于他。甚至有传言说，为了让自己当上公爵，卢多维科竟然把自己的侄子毒死了。

　　丈夫死后，伊莎贝拉感觉到危险，而且，卢多维科撤销了她儿子的继承人之位，并将她的儿子送到法国国王的身边。

　　为脱离危险，曾经想过女王生活的公爵夫人离开了米兰，转而去了一个很小的公国——巴里。在这个新的国家，伊莎贝拉成了伟大的领导者，深受人民的爱戴。然而，刚毅的公爵夫人从未放弃当一名真正的王妃。虽然自己没戴上王冠，但她决心让女儿当上王妃，这就是为什么她会让女儿波娜（Bona）嫁给了一位波兰王子。

波伐罗拉小船

一艘特别的小船。

时间轴 1600 1700 1800

1777年，来自波伐罗拉（Boffalora）的卡斯蒂廖尼（Castiglioni）兄弟经营了一艘渡船，这艘船连接了他们的村庄和米兰。

这艘木制的渡船被称为波伐罗拉小船（El Barchett de Boffalora），船上有两个船夫。这艘船沿着田野、村落和种植园之间的河流缓慢前行。

波伐罗拉小船每天都会发船，但没有固定的时刻表。运河沿岸有很多旅馆，船夫们一喊："开船啦！开船啦！"，住在旅馆里的旅客们就知道船要出发了。开船后，他们付钱给托洛托特拉（Torototèla），托洛托特拉给他们讲故事。他讲故事的时候会使用带着弯曲树棍的葫芦来增强他的声音。每个故事都以这句方言开头："托洛托特拉来了！托洛托特拉来了！"

烟囱清洁工的教堂

时间轴　1300　1400　1500

每年入冬，至少有两百名烟囱清洁工来到这儿。

　　烟囱清洁工的教堂位于纳维利运河附近的马格伐街（via Magolfa），如今，教堂已改为一般用途，高耸的钟楼让我们忆起昔日的米兰。

　　烟囱清洁工来自阿尔卑斯山谷，主要是维格佐（Vigezzo）山谷。他们带上各自的学徒清扫烟囱，为冬天做准备。这些学徒都是儿童，他们带着清扫的工具爬进烟囱，打扫完之后，他们把一只胳膊伸出烟囱口，大声喊着："扫烟囱！"晚上，他们在马格伐街的萨索圣母院（Madonna del Sasso）集合，这座教堂和孩子们在阿尔卑斯山谷家里的教堂有着一样的名字。所以，他们感觉就像在家一样，在这里可以说方言，还可以互相交流。星期一早上集合完毕，孩子们把收集到的烟灰卖给炭笔制造商，或者卖给皮具商。

圣欧斯托尔焦教堂

受天使保护的教堂。

　　君士坦丁堡宗主教将一个石棺作为礼物送给米兰主教欧斯托尔焦（Eustorgio），石棺里装着"东方三圣王"的遗骸。主教用牛拉货车将石棺运到米兰，途中由一位天使保护着。当他们来到现在的圣欧斯托尔焦教堂（Sant'Eustorgio）的所在地时，货车陷入了泥浆之中。因为石棺太沉了，公牛无法拉动货车。主教想尽办法，石棺岿然不动。他认为这是上帝的旨意，于是决定在此建造一座教堂，以纪念这神奇的时刻。

时间轴　　300　400　500

被夺走的三圣王遗骸

从米兰到科隆。

神圣罗马帝国的皇帝腓特烈一世摧毁了米兰，他找到东方三圣王的遗骸，丢弃笨重的石棺，将之带回德国。这段漫长的归途衍生出很多故事。我们在此仅讲述两个有趣的故事。说它们有趣，是因为这两个故事相互矛盾。第一个故事：科隆主教很快将三具遗骸带回了德国，中间没有出现问题。他是怎么做到的呢？他散布谣言，说自己带回了三具亲戚的遗骸，他们死于瘟疫。如主教所愿，没人敢看这些因瘟疫而死的人，所以这些珍贵的文物被安然带回。

第二个故事：墓室打开时，"圣贤"们的遗骸奇迹般地完好无损。人们聚集起来，想看看巴尔萨泽（Baldassarre）美丽的胡子和橄榄色的皮肤，加斯帕（Gaspare）的长头发和梅尔基奥尔（Melchiorre）的脸庞，但他们看到的却是雪白的头发和胡子。流言四起，于是腓特烈一世的旅途因围观的人群而放慢了速度。但不管怎样，"圣贤"们的遗骸最终都放在了科隆大教堂里。

"圣贤"回归

20世纪初，科隆的主教将"圣贤"们的部分遗骸带回了米兰。主显节游行再次盛行。游行队伍从杜莫大教堂出发，到圣欧斯托尔焦教堂结束。在游行队伍最前面的是东方三圣王、单峰骆驼和其他珍稀动物。

miracolo!

miracolo!

miracolo!

GASPARE
MELCHIORRE
BALDASSARRE

治疗头痛的教堂

一种独特的疗法。

这种疗法是在圣欧斯托尔焦教堂的圣彼得罗殉难的墓室上完成的。彼得罗（Pietro）是一位强硬的多明我会宗教审判官，他判处很多背离教义的人死刑。或许出于这个原因，他被人谋杀了，有人说他是被镰刀杀死的，也有人说他是被匕首杀死的。无论怎样，他的头颅放在了水晶龛里，身体则被放在了墓室里。

他身体的两部分遗骸都在波尔提纳利礼拜堂（Cappella Portinari）。人们相信，身首分离的彼得罗想要保护自己的头颅。过去几年，想摆脱头痛烦恼的米兰人于每年的 4 月 29 日聚集在圣欧斯托尔焦教堂，用自己的头撞击圣人的石棺。这种仪式能使他们摆脱痛苦。如今，到了每年的 4 月 29 日，依然有虔诚的人来到这里治疗头痛。

奇迹

波尔提纳利礼拜堂拥有教堂里最有名的画作，从中能够窥见彼得罗的人生故事。画家文森佐·福帕（Vincenzo Foppa）有幅作品叫《奇迹云朵》（Miracolo della nube），在这幅油画中，彼得罗用一片云为他的随从挡住酷热，随从们聚精会神地倾听圣人的讲话，除了一位在角落里独自吟诵的人……

奇象

另一幅壁画描绘了圣母玛丽亚怀中抱着一个长角的婴儿。这幅画为什么这样奇怪呢？据说是这样的：彼得罗在做弥撒的时候，一只魔鬼藏在了壁画中，圣人发现并赶走了魔鬼。魔鬼逃得太快，一对角留了下来。

浓雾

他们的爱心换来了回报。

阿奎利诺（Aquilino）出身于德国维尔茨堡的一个贵族家庭。同胞们希望他当主教，但他选择了当牧师。他一开始去了巴黎，用奇迹般的医术治疗霍乱病患者。后来他去了米兰，但被异教徒杀害了，异教分子将他的遗骸扔进坑穴。一些搬运工人发现了遗骸，他们认出是阿奎利诺牧师，决定将他带回杜莫大教堂。当他们到达圣洛伦佐教堂（San Lorenzo）时，这里起了浓雾，他们无法继续前进。牧师的遗骸被放在一个叫女王礼拜堂（Cappella della Regina）的小圣堂里，后来人们将这个小圣堂叫作圣阿奎利诺礼拜堂（Cappella di Sant'Aquilino）。搬运工们决定让阿奎利诺牧师做他们的守护神。每年的1月29日，搬运工们将一只用鲜花环绕的坛子装满50公升珍贵的灯油，在阿奎利诺的圣坛前点燃。作为回报，他们能得到一些面包、奶酪和腊肠。对于这些衣食不保的人们来说，这是丰盛的一餐。

时间轴	900	1000	1100

小世界

上个世纪的缩影：大庭院和有公共阳台的公寓。

当时米兰还是个大工厂，公寓是工人的住所，它们绕公共庭院而建，不是很高，长长的阳台沿楼层展开。公寓的每扇门都打开，一般是两居室。大家共同使用公共设施：盥洗室、水槽等。很多房客在住所外部的公共空间里生活。大家相互了解，熟知彼此的情况。孩子们在喧闹的庭院里一块儿玩游戏、唱歌、嬉笑怒骂。他们的居室相互靠近，从窗户里飘出的味道能猜到邻居家在做什么菜。人们把洗好的衣服晾在阳台上，暮色时分，大家在一起促膝闲聊。所有这些，构成了当时生活的缩影。

维科·拉凡戴

维科·拉凡戴（Vico Lavandai）位于纳维利运河的右侧，这里以前是洗衣工工作的地方。19世纪末20世纪初，几个女子用运河里的水给米兰很多家庭洗衣服。在这条小街的6号，我们仍能看到一个20世纪初修建的旋转式烘干机，没发明洗衣机之前，洗衣女工只能用手拧干衣服。这条街的名字维科·拉凡戴听上去较为男性化，因为很多年前洗衣是男人干的事情。

时间轴	1300	1400	1500	1600	1700	1800	1900	2000

灰寂之街

巴吉尼拉杀手的故事。

巴吉尼拉街（via Bagnera）在圣乔治宫殿教堂（San Giorgio al Palazzo）的后方。

安东尼·波吉亚（Antonio Boggia）是一名砖匠和搬运工，他所有的积蓄都花在了买酒上，还经常向身边的人借钱。后来，没人愿意再借钱给他，于是他想到了一个赚钱的办法：杀人。他杀了 4 个人，还准备杀第 5 个，目的是为了能从死者身上弄到钱。他的杀人方法很简单，他将陌生人诱骗到巴吉尼拉街，这条狭窄昏暗的街行人甚少，之后，再用斧子砍死陌生人。他将这些人谋杀之后，去旅馆小睡一会儿，再将受害者尸体埋入地下。最终，他的罪行被人发现了，米兰人民将他告上法庭，他被判处死刑。

他的故事听上去让人震惊！当时有位医生专门研究罪犯的头骨，他想看看各种罪犯的头骨构成是不是有相同之处，这位医生对安东尼·波吉亚的头骨非常感兴趣。

| 时间轴 | 1300 | 1400 | 1500 | 1600 | 1700 | 1800 | 1900 | 2000 |

奇妙的飞行

圣乔治宫殿教堂在戴克里先君主（Diocleziano）的宫殿里。这是一座很有艺术价值的古老教堂，建于 8 世纪。这座教堂因收藏的珍贵艺术品而著名。关于伯纳迪诺·卢伊尼（Bernardino Luini）的《激情礼拜堂》（Cappella della Passione）有一个有趣的故事。据说，有位牧师批评了这幅画，所以艺术家让牧师爬上他工作的脚手架仔细看看这幅画。显然，卢伊尼让牧师迈的步子太大了，牧师狠狠地摔在了教堂的地板上。也许正因为这个原因，卢伊尼那晚突然离开了这座城市。

意大利制造的盔甲

时间轴　1400　1500　1600

为战争设计盔甲的时尚大师。

庞培·德拉·奇萨（Pompeo della Chiesa）、弗朗西斯科·佩里佐恩（Francesco Pellizzone）、马尔蒂诺（Martino）、菲利波·迪·雅各布·拿洛利（Filippo di Jacopo Neroli）和托马索·尼格罗尼（Tommaso Negroni）等，你听过这些名字吗？他们都是著名的时尚设计师，只是他们不设计服装，而是设计盔甲。过去几个世纪，战火连绵，盔甲的需求量很大，因此有很多匠人制造盔甲。阿莫拉利（Armorari）、斯波拉利（Speronari）和斯巴达里（Spadari）原是街道的名称，匠人们在这里的作坊里制造武器和盔甲。米兰的匠人们拥有欧洲最精湛的技术，各国的王室和贵族都喜欢他们的作品。当然，贵族的武器很昂贵，用金属打造，镶有精致的装饰物，需要高超的技艺。米兰的技师们非常了不起，卢多维科·伊尔·摩洛公爵请来这些技师，想让年轻的夫人欣赏技师的作品。为迎接16岁的比阿特丽斯，他命令士兵、马匹和骑士在街上排成纵队——看上去就像一支军队，但其实都是些精美的金属模型。

巧妙的设计

时间轴　　1400　1500　1600

艺术也能创造奇迹。

　　圣玛丽亚圣萨提洛教堂（Santa Maria presso San Satiro）建于15世纪后半叶。当时，这座教堂里放了一张圣母玛丽亚的画像。有人把画作划伤了，画作竟奇迹般地流出血来。毁坏画作的人看到了神迹，于是决定做教堂和画作的守护人，并将这幅画作供奉在圣龛上。这座教堂被后面的法尔科街（via Falcone）环绕，供牧师布道的空间太小，加利亚佐·玛丽亚·斯福尔扎公爵命令多纳托·布拉曼特（Donato Bramante）改建教堂，这位杰出的建筑师创造了一个虚拟空间解决了这个问题。他运用透视法，创造了一个只有97厘米深的拱顶，从教堂入口处看去，深度远不止97厘米，给人一个深邃后殿的错觉。布拉曼特用巧妙的手法，为我们创造了一个奇迹！

可怕的贝尔纳博

他爱 5000 条狗，胜过爱自己的子民。

贝尔纳博·维斯康蒂（Bernabò Visconti）的宫殿在圣乔凡尼教堂（San Giovanni）遗址附近。贝尔纳博是一位可怕的君主，爱狗胜过爱自己的人民。如果有人没照顾好他的狗，就会受到严厉的惩罚。

贝尔纳博让可怜的教皇英诺森四世（Pope Innocenzo Ⅳ）使臣吃掉了革除令，这封逐出教会的通告原本是给他的。贝尔纳博虽然机敏，但还是落入了侄子吉安·加利亚佐·维斯康蒂为他设的圈套中。他把女儿凯瑟琳（Caterina）嫁给了侄子，后来加利亚佐约他相见，将他俘虏，并把他终身囚禁在特兹佐蒂阿达城堡（Trezzo d'Adda）。

吃树叶？

关于这个有趣的说法有一个故事。据说，教皇英诺森四世派使臣给贝尔纳博送革除令，国王却命令使臣吃掉革除令（manger la feuille），这个词在意大利语的发音就像 "mangiare la foglia"（吃树叶）。

时间轴 1200 1300 1400

戏剧人生

伯爵夫人的戏剧人生。

克里斯蒂娜·基乌齐奥·迪·贝尔焦约索（Cristina Trivulzio di Belgioioso）伯爵夫人生于1808年，她有12个名字：玛丽亚、克里斯蒂娜、比阿特丽斯、特蕾莎、芭芭拉、利奥波德、克洛蒂尔德、梅奇奥拉、卡米拉、茱莉亚、玛格丽特、劳拉。她的一生犹如一部戏。她4岁时丧父，得到一笔巨大的财产。16岁时，她拒绝嫁给令人厌烦的堂兄，倾心于英俊潇洒的埃米利奥·迪·贝尔焦约索（Emilio di Belgioioso）伯爵。伯爵家世显赫，喜欢社交生活。不幸的是，他并不可靠。终于有一天，克里斯蒂娜厌倦了他的行为，离他而去。此后，她便开始了漫漫旅程。她游遍意大利，经常光顾爱国人士的社交圈。奥地利人并不喜欢她，因此伯爵夫人转往巴黎。在巴黎，她受到当时所有最伟大的知识分子、艺术家和科学家的欣赏与欢迎，克里斯蒂娜在法国度过了令人难忘的岁月，并生下了女儿玛丽亚。

等她返回意大利时，她搬到了洛卡特的一处住宅中，并为农民的孩子开办学校。她和一个由200名志愿者组成的"贝尔焦约索社团"（Divisione Belgioioso）共同参加了米兰的"五天起义"（Cinque Giornate）。罗马共和国期间，她带领一群护士帮助战争中受伤的人。罗马共和国衰落后，克里斯蒂娜逃往土耳其。她和女儿及女家庭教师来到卡帕多西亚。她买下了一片山谷，来自意大利的一些难民热情

地接待了她。她在这片新的土地上开设学校和开办种植园，就像在洛卡特时一样。在此期间，她还被女家庭教师的情人刺杀过。后来，她回到米兰，生命的最后十年都在写作。在最后的作品中，她写的都是关于女性追求快乐和自由选择生活的权利。

时间轴　1800　1900　2000

大教堂地区

和这里的故事

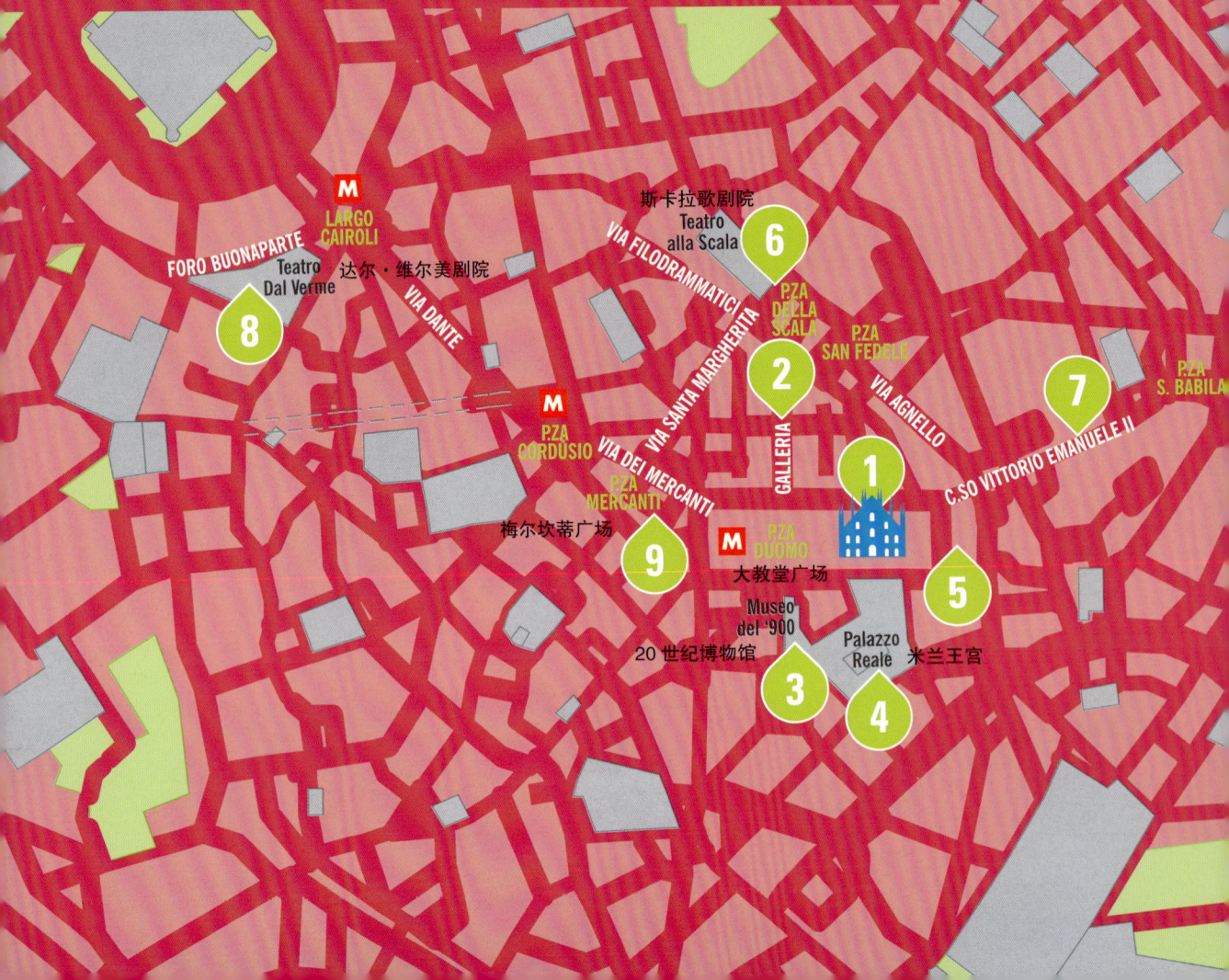

FORO BUONAPARTE

LARGO CAIROLI

Teatro
Dal Verme

达尔·维尔美剧院

VIA DANTE

斯卡拉歌剧院
Teatro
alla Scala

VIA FILODRAMMATICI

6

P.ZA
DELLA
SCALA

P.ZA
SAN FEDELE

VIA AGNELLO

2

8

P.ZA
CORDUSIO

VIA SANTA MARGHERITA

GALLERIA

7

P.ZA
S. BABILA

C.SO VITTORIO EMANUELE II

VIA DEI MERCANTI

P.ZA
MERCANTI

梅尔坎蒂广场

9

P.ZA
DUOMO

大教堂广场

1

5

Museo
del '900

20世纪博物馆

3

Palazzo
Reale

米兰王宫

4

大教堂的故事

1 季节性教堂
红色城市里的白色建筑
雕像的森林
大教堂不是市场!
拿破仑所代表的大教堂精神
圣人以及其他人
Duomo,
piazza del Duomo

2 米兰的客厅
老鼠点灯
Galleria Vittorio Emanuele,
piazza del Duomo

3 20 世纪博物馆
via Marconi 1

4 米兰王宫的女像柱
Palazzo Reale,
piazza del Duomo 12

5 穷人的医生
portici di piazza Duomo 23

6 一家独特的剧院
Teatro alla Scala,
via Filodrammatici 2

7 石头人
雪茄罢工
corso Vittorio Emanuele 13

8 马戏团离开后……
via San Giovanni Sul Muro 2

9 山楂树林
piazza Mercanti

大教堂事件一览表

大教堂的故事

杜莫大教堂（Duomo）是这座城市的心脏。

多年来，杜莫大教堂都是米兰市民生活的中心，不同时代的米兰人见证了杜莫大教堂的各个建造阶段。建造一座教堂需要很多年，但是，人们建造杜莫大教堂足足花了五百多年的时间，这一时间实在是太过漫长了。几个世纪以前，住在米兰的人所看到的大教堂很可能与现在的样子是不同的。

开始动工	"杜莫神圣工厂"组织诞生	开始建设后殿	卡雷利尖塔施工	拆毁圣特卡拉教堂	圆顶完工	建造古格利奥塔·阿马德奥	放置巴多罗买雕像	铺设路面	前六个尖塔完工	周边完工	拆除圣母玛丽亚教堂门面	新的外观开始动工	10个尖顶和大尖塔完工	在格拉特尖塔的顶端放置金色圣母像	日暮建设	拿破仑要求外观完工	圣拿破仑雕像完工	门面完工	安装新的彩色玻璃窗	穹顶，更多尖塔和装饰完工	中心门廊完工	放置运动员的雕像	路面完工	大教堂最后的入口完工
1386	1387	1388	1404	1461	1500	1518	1562	1584	1600	1600	1683	1691	1769	1774	1786	1805	1806	1813	1858	1892	1906	1930	1940	1965

季节性教堂

教堂为信徒和神职人员提供温度适宜的活动场所。

杜莫大教堂现在所占的空间过去为两大教堂所共有：圣特卡拉教堂（Santa Tecla）和圣玛丽亚马焦雷教堂（Santa Maria Maggiore）。首先是圣特卡拉教堂，它是最大的一个教堂，适于夏季使用；其次是圣玛丽亚马焦雷教堂，其面积相对小些，适于冬季使用，教友们常常聚在教堂内一个狭小的空间里相互取暖。随着季节的变换，大主教和他的神职人员会以庄严的形式在两个教堂之间转移。

红色城市里的白色建筑

每个人都想参与进来，大家团结一致互相提供帮助。

吉安·加利亚佐·维斯康蒂想在自己的城市里建造一座他曾经在法国看到的那种教堂：壮观、独特，全部采用白色大理石建造（当时其他建筑均为红色，就像所用的砖头的颜色），并且与城市里的其他教堂完全不一样。吉安·加利亚佐想象着这座漂亮的建筑，它将作为对伟大的维斯康蒂家族的永久性纪念。

建造一座大教堂的想法在米兰市民当中很流行。他们都参与了教堂的建设：既有贵族也有贫民，既有宗教人士也有罪犯（很多出资者都是妓女），那些没钱的人就免费提供劳力。但是，存在一个问题，那就是米兰的工人并不知道如何使用大理石，所以他们就从科摩、法国和北欧请来了一些专业的石匠。当雕刻家兼场地管理人员亚科皮诺·达·特拉达泰（Jacopino da Tradate）创办了"杜莫神圣工厂雕刻学校"（Scuola di Scultura della Fabbrica del Duomo）之后，一切都变了，建设场地成了一个语言、文化和传统的大熔炉。在接下来的四百多年里，年轻的石匠们常常会学习亚科皮诺风格的规则和技巧，他们还给教堂雕刻了三千多个雕像。

微小模型上的繁重工作

在大教堂的博物馆内，我们可以看到一个忠实于大教堂原型的木质模型。和大教堂一样，建造这一模型同样花费了很长时间。模型于 1519 年开工建造，但直到 1800 年才完成。

免费运输

　　为了建造新的大教堂，吉安·加利亚佐提供了自己直辖领地内最好的大理石，这些大理石取自于马焦雷湖瓦尔·蒂奥索拉（Val d'Ossola）附近的坎多尼亚（Candoglia）。他还负责免费将大理石块运过纳维利河。为了在运输途中不支付通行费，必须在这些大理石上标记有缩写的 AUF 字样（Ad Usum Fabricae，意思是"杜莫神圣工厂"专用）。这几个斜体字母也衍生出了一些表达，如"a ufo"（"免费"的意思）。

杜莫大教堂的云梯

米兰大主教每年至少会有两次登上位于杜莫大教堂内的云梯（Nuvola），云梯是用天使和云彩装饰的古老电梯。他会来到 40 米的高处，取下放在该处的一枚钉子。这枚钉子为什么会被保存在这么高的地方呢？因为它是一枚特殊的钉子。相传这枚钉子取自基督的十字架，它由康士坦丁大帝的母亲（或康士坦丁大帝）带至米兰。在耶路撒冷时，她发现了十字架上的四枚钉子，在返程中，为了平息暴风雨，她将其中的一枚钉子扔进了亚得里亚海。后来她将剩下的三枚钉子交给了她的儿子。康士坦丁很清楚当好帝王并不是一件容易的事，为了使自己免遭不幸，他将这三枚钉子中的一枚置于自己的头盔中，一枚置于马缰绳中，最后一枚置于马嚼子中。杜莫大教堂中的钉子就是最后这一枚。

雕像的森林

在伟大的事业开始之时，人们只能想象其最终的样子。

建造大教堂花费了相当长的一段时间，创造一片雕像的森林往往比种植一片真正的森林要花费更长的时间。即使没人知道完成这一项工程需要多长时间，但有一点却很清楚：那就是想要看到教堂最终成型的人都不能如愿。

建造杜莫大教堂耗时五百多年，因此，为了使当时的人能了解大教堂的规模，弗朗西斯科·斯福尔扎公爵让人立了一根圆柱，用来标记教堂正门的位置。

杜莫大教堂的原样

几百年以前的米兰人所看到的大教堂与我们现在所称赞的大教堂是不太一样的。很长一段时间里，大教堂的顶部没有任何尖塔，全部是光秃秃的。第一个尖塔始建于15世纪，位于教堂的东北角，称为卡雷利（Carelli），这一名字源于一位捐助者，他为"杜莫神圣工厂"捐赠了一大笔钱。第二个尖塔位于第一个尖塔的对面，与第一个尖塔的建造时间隔了一个世纪。大教堂的145个尖塔中，绝大多数建于1700年至1800年之间。最高的尖塔建于1769年，其顶端是由佩雷戈雕刻的金色圣母像。

大教堂不是市场！

杜莫大教堂建造场地的忙碌生活。

由于建造杜莫大教堂耗时很长，所以当米兰人说"杜莫神圣工厂"时，他们常常指无止境的工作。成千上万的人都在建造场地工作，并在教堂后面建造自己的家，建造场地周围的生活与人们平常的生活并无两样。好奇的市民会在这里驻足观看，商人会在这里售卖自己的商品，音乐人和杂技演员会在这里表演，理发师和牙医也在这里为人们提供服务。据说，蔬菜水果商会将这条路线作为进入附近市场维齐拉（Verziere，今天的拉戈·奥古斯托 < Largo Augusto>）的近道。由于有太多的人来来往往，有人将北边的入口堵了起来，好为施工工人提供一个安静的环境。

金色圣母像下诞生的美味

著名的"黄米饭"（risotto giallo，黄色的意大利调味饭或米兰式烩饭）已经成了米兰这座城市的一个美食象征，据说这一美食正诞生于杜莫大教堂。这种米饭始创于 1574 年，最初出现在一个玻璃厂厂主（他当时也在建造大教堂）女儿的婚宴上，厨师在米饭中加入了一些用于染玻璃的藏红花粉末，让米饭呈金黄色，从而使宴席更有生气。客人吃后大为赞赏，后来，这道美食就流传了下来。

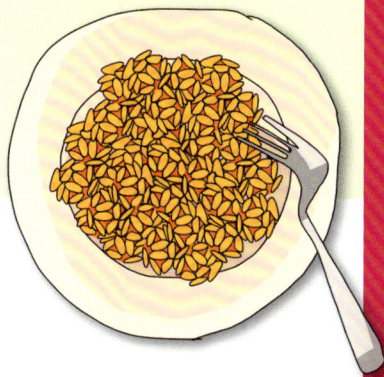

拿破仑所代表的大教堂精神

当拿破仑成为意大利的统治者后，他下令为自己加冕，并以自己的形象雕刻圣人像。

1805 年 5 月 26 日，拿破仑正式成为意大利的国王。加冕仪式将在杜莫大教堂举行，但是当时大教堂的表面还未完工。拿破仑下令必须完成剩下的工作，尽管在他举行加冕礼时根本不可能完工。他承诺，法国将支付这笔费用，但是"杜莫神圣工厂"必须通过销售一些物品来预先垫付这笔费用。法国最终没有还款，但正是由于拿破仑的这一"决策"，大教堂的表面工程最终在 7 年后完工。拿破仑下令在大教堂的一个尖塔上放置圣拿破仑的雕像。没人知道是否真的有一位名叫拿破仑的圣人，很可能是拿破仑想要人们永远记住他，记住杜莫大教堂尖塔上的拿破仑雕像。最终，人们发现了一位名字与拿破仑的名字相似的圣人，由于没人知道这位圣人长什么样，所以，雕像采用了拿破仑大帝的形象，节日盛宴也最终在拿破仑生日那天举行。

圣人以及其他人

　　大教堂的表面和尖塔有拳击手、网球运动员、音乐家、诗人的雕像。

　　这对于大教堂来说也许有点奇怪，在它的顶部，除了那些天使、圣人、先知、殉道者的雕像，还有一些人的雕像，这些人曾以某种方式对这座伟大的城市做出过贡献。其中有两个拳击手的雕像，它们是按照普里莫·卡尔内拉（Primo Carnera，意大利第一位获得重量级拳击赛的世界冠军）的模样雕刻的。也有著名的音乐指挥家阿尔图罗·托斯卡尼尼（Arturo Toscanini）的雕像。还有一组奇怪的自由女神像的复制像。在那些非圣人的雕像中，我们还能找到但丁·阿利吉耶里（Dante Alighieri），他可能去过天堂，但这仅限于他在《神曲》中描述的那样。

大教堂顶部住着一位隐士

　　1651 年，"杜莫神圣工厂"最终决定拆掉建在大教堂前面的石屋。但是不用担心，住在石屋里的人和他的石屋只是被移到了一个更安全的地方：杜莫大教堂的顶部！这位隐士在尖塔中生活了 9 年，没人知道他在通向石屋的 200 级台阶上爬过多少次。

米兰的客厅

在拱廊里，人们可以四处活动，或围着一张小桌畅谈。

很久以前，华丽的维托利奥·埃马努埃莱二世拱廊（Galleria Vittorio Emanuele II）就成了"米兰的客厅"。这是一个集会场所，在这里，人们进行探讨，有时候也会争吵。在一幅名叫《美术馆里的骚动》（Rissa in galleria）的名画中（可以在布雷拉美术馆看到），作者翁贝特·波丘尼（Umberto Boccioni）描绘了两个争吵的女人，运动和奔跑着的人们涌向大门，传达出骚动不安的气息，隐喻古典艺术受到了现代工业文明的冲击。你可以在20世纪博物馆（Museo del'900）看到翁贝特·波丘尼更多的作品，他的画总是以光和运动为主题。

时间轴　1700　1800　1900

老鼠点灯

老鼠四处跑动，吸引了人们的注意力。

每到黄昏，米兰的很多市民都聚集到拱廊里观看一场特殊的表演：老鼠点灯。一个上了发条的奇特装置会沿着墙体的轨道跑，随后一小团明火会将八角形的煤气灯点燃。这个装置的形状很像老鼠，在米兰方言里，人们称之为"el ràtin"。

骡和马的寄放点

16 世纪时，米兰就已经开始需要"停车位"了。当时，牲畜是很多人出行的交通工具，将这些牲畜寄放在哪里就成了一个问题。有人想到了解决的办法，在紧挨着大教堂的地方修建了一座叫罗堂达·德尔·佩莱格里尼（Rotonda del Pellegrini）的建筑。当时人们按照下列方式寄放骡马：将骡子放在地下室，将马放在底层，将干草放在顶楼。这些"停车位"主要是方便那些拜访大主教的人们。

20 世纪博物馆

有故事的艺术作品。

米兰人给米兰人的礼物

《第四等级》（Quarto Stato）是一件能代表 20 世纪博物馆的艺术作品，即便它是对上一个世纪艺术的回忆。它由朱塞佩·佩里扎·达·沃尔佩多（Giuseppe Pelizza da Volpedo）绘制，这位画家一生中的大部分时间都在画画。不幸的是，在很长一段时间里，这幅画都是一幅失败之作，因其传达的政治意义而不被认可。佩里扎认为一个艺术家应通过反映现实来促进社会的进步。在沃尔佩多（Volpedo）的一个小乡村里，他看到的是农民反抗长时间劳作却只能换得微薄薪资这一问题，人们在饥饿中挣扎。因此，他在《第四等级》这幅画中描绘了一支游行的队伍，队伍最显眼的是两个男人和一个抱小孩的妇女。这是一个夏天的早晨，这群普通的劳动者穿过乡村，希望能见到地主，争取自己应有的权利。佩里扎去世后，米兰的一些市民集资买下了这幅画，并将其捐赠给了米兰市，以供全市人民欣赏。《第四等级》已然成为一幅象征劳动者的艺术作品，而米兰的绝大部分市民都是劳动者。

时间轴　1300　1400　1500　1600　1700　1800　1900　2000

《洪流》

  如果你多走上几百米，来到布雷拉美术馆，你还能欣赏到《洪流》（Fiumana）。这是朱塞佩·佩里扎·达·沃尔佩多画的另一幅画，基本是《第四等级》的雏形。

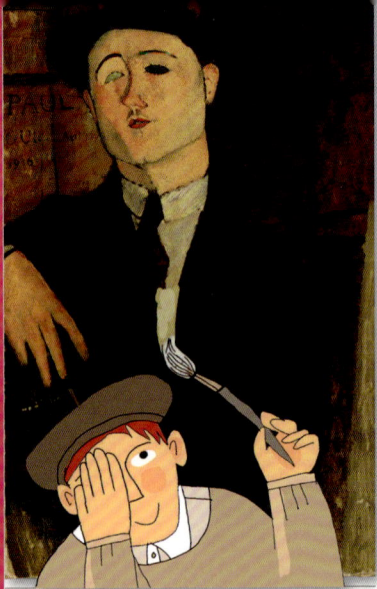

眼睛不对称的画像

　　这是阿梅代奥·莫迪利亚尼（Amedeo Modigliani）为其朋友保罗·纪尧姆（Paul Guillaume，他拥有一家著名的法国画廊）画的三幅肖像画中的一幅。仔细看这幅画中的眼睛，你会发现一只眼睛已画完整，而另一只眼睛则是空的。莫迪利亚尼说，保罗的两只眼睛不一样：一只眼睛向外看，看这个世界，另一只眼睛向内看，看他自己。

时间轴	1300	1400	1500	1600	1700	1800	1900	2000

喜欢用空间创作艺术的人

　　正如卢西奥·丰塔纳（Lucio Fontana）同时代的人所说，丰塔纳创作的紫色霓虹灯不是"意大利细面条"，更加不是"蔓藤花纹"，而是一种真正创新的艺术形式。丰塔纳对空间这一主题非常感兴趣，他认为空间能够突破常规绘画的限制，他在画布之外寻找空间，空间存在于上面、下面和四周。有了霓虹灯，观众就可以进入作品的空间里问问题，并思考自己的感受。丰塔纳相信，艺术应采用新的形式使观者融于其中，艺术不仅利用画布、涂料或大理石，还应利用霓虹灯、投影和电视屏幕进行创作。现在的人们对这些似乎已经司空见惯了，但是，在20世纪50年代，使用新材料并不多见。从这一层面而言，丰塔纳是一位预言家。

时间轴	1300	1400	1500	1600	1700	1800	1900	2000

Guernica 1937
Pablo Picasso

米兰王宫的女像柱

米兰王宫（Palazzo Reale）曾举办过皇家盛宴，战争过后，它又见证了和平。

这里的大厅曾用于举办宴会、舞会和皇家招待会。墙上共装饰有 40 根女像柱，这些女性的外形使墙体具有美感。现在，它们不复存在了，1943 年的空袭将其毁于一旦。大厅虽然得以保存，但是只剩下一些雕像的痕迹了。人们并没有将这些痕迹抹去，而是以此来铭记战争所造成的伤害。因此，著名的西班牙画家巴勃罗·毕加索（Pablo Picasso）选择将最能表达自己反对战争的作品《格尔尼卡》（Guernica）悬挂于此。

同一个宫殿，不同的名字

这里最开始被称作市政厅（Broletto），是中世纪时城市公社代表们举行会议的地方。后来叫科尔特（Corte），是维斯康蒂公爵和斯福尔扎公爵的府第。在西班牙统治时期，这座宫殿被称为总督府（Palazzo del Governatore）。奥地利人称之为雷吉奥公爵府（Palazzo Regio-ducale）。在拿破仑统治时期，它起初被称为故宫（Palazzo Nazionale），后来，当以前的共和国上将变成了君主主义者之后，这座宫殿又改名为皇家法院宫（Palazzo di Regia Corte）。当奥地利人再次统治米兰时，这座宫殿又被称为雷吉奥公爵府。最后，自萨沃依（Savoia）时期起，这座宫殿就一直被称为米兰王宫。

路过的天才

米兰王宫内建有很多剧院，但不幸的是，火灾已将其全部摧毁。有一座剧院曾见证过年轻的沃尔夫冈·阿马德乌斯·莫扎特（Wolfgang Amadeus Mozart）初次登台的场景。当时，他创作了三部歌剧：《本都国王米特里达特》（Mitridate）《阿斯卡尼奥在阿尔巴》（Ascanio in Alba）以及《露契奥·西拉》（Lucio Silla）。莫扎特希望成为奥地利统治者的宫廷音乐家，但是，他的愿望终究未能实现。

| 时间轴 | 1300 | 1400 | 1500 | 1600 | 1700 | 1800 | 1900 | 2000 |

穷人的医生

她来自远方，却像一位真正的米兰市民，
为最无助的群体奉献了自己的一生。

安娜·库里兹奥芙（Anna Kuliscioff）出生于俄罗斯，她是一位漂亮的女性，有着长长的金发和大大的蓝眼睛。在她 17 岁时，她的父亲答应让她到瑞士上大学。正是在苏黎世，她遇到了一些俄罗斯的留学生，她欣赏他们的革命理想。在她的一生中，她总是在问自己：她能为穷人做些什么，要怎样做才能让世界变得更公正。她认为男性和女性是平等的，所有人应享有同等的权利，获得同等的尊重，这在当时确实是比较超前的想法。也许这就是她为什么选择当医生尤其是妇科医生的原因之一吧。她开始致力于女性健康方面的工作，并找到了经常会导致产妇高烧死亡的原因。

一天，她在米兰见到了菲利波·图拉蒂（Filippo Turati）。他是国会议员，也是律师，致力于为劳动者争取权利。他们相爱了，在家举办的沙龙也很快变得有

时间轴　1700　1800　1900

发现

在大教堂广场（Piazza del Duomo）门廊的下面竖有一座纪念碑，这是为了纪念安娜和图拉蒂。

名：他们在成堆的书籍、稿件和期刊中招待知识分子、艺术家和普通民众，大家都认为这对夫妻是忠实的朋友和知己。安娜还想在马焦雷医院工作，也想在大学教书，但是，她却因为自己的性别而被拒绝了。于是她和亚历山大·拉维扎（Alessandrina Ravizza）一起开了一家诊所，为贫苦的妇女提供帮助，因此，她被人们称为"穷人的医生"（dottora dei poveri）。当她的健康状况不允许她再从事医生这项工作时，她又将自己的战斗热情投入到其他事业中，为社会公正而战斗，尤其是为女性的权利而战，她一直战斗到1925年12月27日。当时，意大利正处于法西斯专政统治时期，容不下安娜的自由和革新思想。虽然政府禁止为她举行葬礼，但仍有大批群众参加了她的葬礼——米兰人毫不犹豫地向法西斯政权发起挑战，仅仅是为了与安娜做最后的告别。

DIRITTO DI VOTO PER LE DONNE

一家独特的剧院

歌者在大厅里表演，一些人在宴请和招待客人，而另一些人却被限制了起来。

斯卡拉歌剧院（Teatro alla Scala）建造于两个剧院被大火摧毁之后，是世界上最有名的剧院之一。当时，这座城市的贵族请求奥地利女皇玛丽亚·特蕾莎建造一座砖砌剧院，并承诺支付建造费用，条件是获得舞台的包厢。今天，这些包厢全部是一样的，但是最开始的时候，每个包厢的所有者都可以随意装饰自己的包厢，在歌剧表演期间，这些包厢也可用作接待性场馆。

当时也制定了一系列的规则，如禁止将点燃的火把带进剧院，禁止在包厢后面煮东西。但包厢的所有者却无视这些规则。剧院里也有一些小隔间，专门用来限制那些扰乱秩序的人。表演期间，观众常常会在一个大型沙龙里停

一个流传已久的名字

斯卡拉歌剧院的名字来源于其所在广场的名字，而这座广场的名字来源于原建于此的斯卡拉圣母教堂（Santa Maria alla Scala）。但是，教堂的名字也来自一个人名：请人建造这座教堂的比阿特丽斯·里吉娜·德拉·斯卡拉（Beatrice Regina della Scala）女士，她来自维罗纳，12岁时就嫁给了贝尔纳博·维斯康蒂公爵。她在维斯康蒂王朝统治时期一共生了15个孩子，并为这座城市建造了斯卡拉圣母教堂。这座教堂使用400年后，被拆掉建造成了歌剧院。

留，玩轮盘、纸牌、骰子和其他游戏。那时候有很多指挥家都在斯卡拉歌剧院指挥过。其中最受米兰观众喜欢的是大指挥家克劳迪奥·阿巴多（Claudio Abbado），2014年他去世时，米兰市民聚集在一起，为他举行了一场特殊的告别仪式。日落时，剧院的大门打开，透过空旷的大厅，乐队为他演奏的音符飘至广场，交通暂停，人群驻足，大家都在静静聆听。

时间轴　　1300　1400　1500　1600　1700　1800　1900　2000

石头人

　　他已经注视来往的米兰市民有十几个世纪了，可以为每个人提供建议。

　　维托利奥·埃马努埃莱二世大道（Corso Vittorio Emanuele Ⅱ）13号的门廊下矗立着一个3世纪的罗马雕像——石头人。这个石头人依偎着墙壁，他的下方有一句用拉丁语写的铭文，由于这篇铭文开头的一个单词是"carere"，米兰市民又称其为"卡雷拉先生"（Sciur Carera）。

　　曾经有一段时间，这个雕像专门用于公布人们的不满或揭露政治的欺骗性，有一点像罗马的帕斯奎诺（Pasquino）雕像。1848年1月1日，有人通过在"卡雷拉先生"身上张贴公告发布消息，邀请米兰市民参加反对奥地利人的集体罢烟运动。

发现

　　"卡雷拉先生"的绰号正是来自那句铭文，上面用拉丁文写道：想说他人邪恶的人首先要消除自己的邪恶（Carera debet omni vitio qui in alterum dicere paratus est）。

时间轴　　300　200　100　0　100　200　300　400

雪茄罢工

当时，米兰市民不顾奥地利人的反对，坚决停止抽烟。

那是 1848 年的新年，米兰市民在城里漫步，互相祝福。他们中有贵族、资本家以及穿着自己最好礼服的劳动者。一切看起来都很正常，但还是有些不同寻常的地方：没有人抽雪茄。当时，抽烟是一件很时尚的事情，每个人都会连续不断地抽烟，当然也包括女性。然而在那天，抽烟的人只有正在休假的奥地利士兵。米兰市民全都加入了集体罢烟运动。爱国者们决心为自由而战，反抗通过贩卖烟草而赚取米兰市民钱财的奥地利政府。最后的结局是奥地利军队暴力镇压了抗议活动，米兰市民死的死，伤的伤。

时间轴　1700　1800　1900

马戏团离开后……

世界上最有名的马戏团也可能妨碍其邻居。

故事发生在 1864 年。男主角是加埃塔诺·西尼瑟里（Gaetano Ciniselli），他是一位出生于米兰的马戏演员，在整个欧洲都很有名，俄罗斯人也很崇拜他。圣彼得堡的贵族男女每个星期六的晚上都会聚集到西尼瑟里马戏团欣赏他表演的节目。加埃塔诺是马戏团第一位训练大象的驯兽师。他表演过一个让人震惊的水中动物节目：让大象、马以及鹿在水池里表演。不过他最擅长在奔跑的马上表演杂技。

为了纪念他，他的故乡米兰成立了一个马戏团。随着时间的推移，生活在马戏团附近的人开始抱怨其制造的噪音太大。所以，住在马戏团隔壁的达尔·维尔美伯爵（Dal Verme）买下了马戏团，并明智地将马戏团改成了后来的达尔·维尔美剧院（Teatro Dal Verme）。后来，马戏团的大帐篷就搬到了竞技场旁边。

时间轴	1300	1400	1500	1600	1700	1800	1900	2000

山楂树林

这座城市的建造者是一位年轻的法国移民。

贝洛维索（Belloveso）是安姆毕加托（Ambigato）的侄子，安姆毕加托是凯尔特人的国王，并统治着法国的罗纳河谷。这位国王派贝洛维索和他的弟弟去寻找新的领地，因为他们所拥有的领地已不足以供养领地上的人。公元前600年，贝洛维索的弟弟来到了弗留利（Friuli）。而贝洛维索穿过阿尔卑斯山，来到了一片波河流经的广阔平原地区。这位年轻人想找到一个地方，能使跟随自己冒险而来的人们得以安居。他很幸运，凯尔特的女神贝丽萨玛（Belisama）决定帮助他。她出现在贝洛维索的梦里，告诉他在找到安居之地前，他要在山楂树林中等待一只半身长着长毛的猪。贝洛维索开始寻找有很多山楂树的地方，并耐心等待猪的出现。猪最终出现的地方，正是今天这座城市的中心。很多人认为，这座城市的名字米兰（Mediolanum）就是来源于"半身长毛"，即拉丁语中的"medio lanum"，这正好印证了这个传说。而且，这座城市的第一个象征物，确实就是一只半身长着长毛的猪，这只猪的形象雕刻在法理宫（Palazzo della Ragione）的正面，正对着梅尔坎蒂（via Mercanti）街。

破产者之石

在中世纪时期，还不起债的人会被拉出去示众。他们光着屁股，被迫坐在一个名叫破产者之石（pietra dei Falliti）的地方。在历史上，这个地方位于梅尔坎蒂广场（Piazza dei Mercanti）的中心，现在，这里则是一口井。可怜的欠债人就这样被戏弄和嘲笑着，然后，一位法官会从一个叫作"发布台"的露台探出身体，变卖这位欠债人的所有财产。被指控的人只有在受到"正确的"羞辱后才能被关进监狱。

谨此向 Amici di Brera、Emanuele Marcutello、Europartner srl、Federica Ortalli 致以衷心的感谢。

非常感谢卡米洛，感谢您从一开始就信任这个项目。—F.A.

感谢耐心读完本书的朋友。—P.Z.

图片鸣谢